健康、养生、养老、休闲、旅游……老有所养，可谓康养
生产、生活、生态、人文、社区……产镇融合，是为小镇

康养小镇

陈青松　高晓峰　陈永禄　张广智 ◻ 编著

企业管理出版社

图书在版编目（CIP）数据

康养小镇 / 陈青松等编著 . -- 北京：企业管理出版社，2018.10

ISBN 978-7-5164-1787-4

Ⅰ.①康… Ⅱ.①陈… Ⅲ.①养老—服务业—产业发展—研究—中国 Ⅳ.① F726.9

中国版本图书馆 CIP 数据核字 (2018) 第 218623 号

书　　名：	康养小镇
作　　者：	陈青松　高晓峰　陈永禄　张广智
责任编辑：	宋可力
书　　号：	ISBN 978-7-5164-1787-4
出版发行：	企业管理出版社
地　　址：	北京市海淀区紫竹院南路17号　邮编：100048
网　　址：	http://www.emph.cn
电　　话：	编辑部（010）68416775　发行部（010）68701816
	总编室（010）68701719
电子信箱：	qygl002@sina.com
印　　刷：	中煤（北京）印务有限公司
经　　销：	新华书店
规　　格：	710mm×1000mm　1/16　16印张　201千字
版　　次：	2018年10月第1版　2018年10月第1次印刷
定　　价：	68.00元

版权所有　翻印必究·印装有误　负责调换

前　言

康养小镇方兴未艾

当前，健康已成为人们的普遍追求，"身体健康、心情愉悦，生有所养、老有所乐"是人们向往的幸福生活目标。

随着社会经济的快速发展和人民生活水平的日益提高，健康养老产业成为朝阳产业。美国经济学家保罗·皮尔泽认为，继机械化时代、电气化时代、计算机时代和信息网络时代之后，当前已经到来的是"健康保健时代"，健康产业变身为全球"第五波财富"。

数据显示，目前我国已经进入老龄化社会。按照联合国的标准，一个国家或地区60岁以上老年人口占总人口的比例达到10%，或者65岁老年人口占总人口的比例达到7%，即该国家或地区进入老龄化社会。国家统计局《2014年国民经济和社会发展统计公报》显示：2014年，我国13.67亿人口中，60岁及以上的老人2.12亿人，占总人口的比例为15.5%；65岁及以上人口达1.37亿人，占总人口的比例为10.1%。2015年底，全国60岁以上老年人口达2.22亿人，占总人口的比例为16.1%；65岁以上人口达1.44亿人，占总人口的比例为10.5%[①]。因此，无论是60岁还是65岁以上老年人口占人口总

---

① 国家卫生计生委2017年的一项数据显示：到2020年，我国60岁及以上老年人口将达2.55亿人左右，占总人口的比例为17.8%左右。

数的比例，我国都双双"超标"，进入老龄化社会。在这种背景下，涵盖养老、养生、医疗、物联网、文化、体育、旅游等诸多业态的康养产业引起了国家和各类社会资本的高度重视。

近两年，我国开始大力推广特色小镇。在中央和地方政府的大力推动下，我国各类特色小镇如文旅、制造、康养、农业、基金等小镇如雨后春笋般在全国各地落地：浙江、江苏、上海、山东、河北、湖北、湖南、四川等地相继落地了各具特色的特色小镇。其中，康养小镇作为特色小镇的一种重要类型，受到地方政府的推崇，也受到包括社会资本、金融机构在内的投资者的追捧。无论是政府、社会资本，还是社会公众，都对康养小镇充满期待。

康养是未来我国特色小镇建设中的重要主题。所谓康养小镇，是指以康养产业为核心形成的与城市建设、生态环境、民风民俗、科技信息、文化教育、社会安全等行业相关联的综合产业小镇。康养小镇根据居民和旅游者的消费需求，将健康疗养、医疗美容、生态旅游、文化体验、休闲度假、体育运动、健康产品等业态聚合起来，实现与健康相关的大量产业和消费的聚集。通过精心打造的康养小镇，还可以带动医疗、中医药、护理、老年用品、餐饮、旅游、文化、体育、教育等多个产业的共同发展。

康养小镇融合康养产业、传统文化、休闲旅游、社区功能等于一体，是推动实现健康老龄化的理想生活空间。不仅如此，康养小镇作为特色小镇中的一种重要类型，在促进地方经济提质增效、带动项目所在地劳动力就业和增收、建设美丽乡村、推动城乡一体化发展方面发挥着重要作用。

中共中央、国务院印发的《"健康中国2030"规划纲要》把健康推向一个新的高度，为健康产业的发展提供了有力支持。在特色小镇方兴未艾的当下，上述的《"健康中国2030"规划纲要》也为康养小镇的发展指明了方向。

前 言

目前,"健康中国"与"特色小镇"融合得越来越紧密,"健康小镇"和"康养小镇"等正由概念变成实体,成为我国各地方政府提升整体健康服务水平、拉动地方经济增长、促进产业结构调整和升级、解决劳动力就业的重要发展模式。

在国家和地方的大力推广和政策扶持下,我国康养小镇后劲很足,发展前景广阔。

本书重点对推广康养小镇的经济社会背景、开发关键、核心元素、法律问题以及康养小镇建设采取PPP模式的必然性进行了阐释,对如何快速推广康养小镇建设给出了建议,同时对康养小镇未来的发展趋势进行了展望。

康养小镇方兴未艾,本书既有关于康养小镇的宏观理论研究,也有具体的康养小镇典型案例,很好地将康养小镇具体案例融合到理论中,让读者有更深刻的理解。

本书可供各级政府决策部门、健康养老企业、金融机构、战略投资者和财务投资者等康养小镇领域的参与主体,以及研究、操作康养小镇PPP项目的经济和金融学者、健康养老专业人士、企业高管等广大群体参考。

陈青松　高晓峰　陈永禄　张广智
2018年6月

目 录

前　言　康养小镇方兴未艾

第一章　康养小镇经济社会背景

　　我国康养产业迎来重要战略机遇期 …………………… 003
　　康养小镇为什么这么火 ………………………………… 008
　　康养小镇建设的重要意义 ……………………………… 016
　　相关重要文件中的"康养"解读 ……………………… 022

第二章　康养小镇的核心元素

　　康养小镇基因解码 ……………………………………… 029
　　康养小镇的四大核心要素 ……………………………… 039
　　康养小镇的开发类型 …………………………………… 044
　　康养小镇的"智慧"元素 ……………………………… 050
　　如何科学规划康养小镇 ………………………………… 055

第三章　PPP 模式是康养小镇现实选择

康养小镇采取 PPP 模式的必然性 …… 065
康养小镇 PPP 面临的现实问题 …… 070
康养小镇 PPP 亟待民间资本助力 …… 075
康养小镇 PPP 重点问题解读 …… 081
康养小镇 PPP 项目盈利模式 …… 086

第四章　康养小镇 PPP 项目实操要点

康养小镇 PPP 项目风险及防范 …… 095
康养小镇 PPP 项目绩效考核 …… 105
康养小镇 PPP 项目全生命周期咨询 …… 112
康养小镇 PPP 法律风险防范 …… 118

第五章　康养小镇 PPP 金融困局与解决路径

康养小镇建设融资模式 …… 127
康养小镇 PPP 项目融资相关主体 …… 134
康养小镇：社会资本遭遇融资难 …… 141
康养小镇 PPP 项目投融资方式 …… 147
资产证券化支持康养小镇 PPP 项目 …… 153

第六章　康养小镇 PPP 项目典型案例

浙江桐庐健康小镇的示范意义 …… 161
某康养小镇项目操作程序 …… 165
某特色小镇 PPP 项目操作重点 …… 170

第七章　康养小镇土地法律问题

康养小镇土地法律与政策 ………………………… 187
康养小镇用地现实难题及解决思路 ……………… 197
康养小镇用地方案 ………………………………… 203
康养小镇PPP土地法律实务 ……………………… 207

第八章　康养小镇未来发展

康养小镇发展前景广阔 …………………………… 213
康养小镇PPP需政策引领 ………………………… 220
科学引导康养小镇健康发展 ……………………… 227

附　录　某康养小镇PPP项目绩效考核机制
参考文献

第一章
康养小镇经济社会背景

本章导读

我国康养产业迎来重要战略机遇期
康养小镇为什么这么火
康养小镇建设的重要意义
相关重要文件中的"康养"解读

我国康养产业迎来重要战略机遇期

康养是健康、养老、养生的统称。

康养产业是 21 世纪的新兴产业。作为现代服务业的重要组成部分，在我国进入老龄化社会、社会经济快速发展的大背景下，康养产业与我国的国民生活质量、社会经济发展息息相关。

一、我国已进入老龄化社会

数据显示，我国目前已经进入老龄化社会。

老龄化社会是指老年人口占总人口达到或超过一定比例的人口结构模型。如前言所述，按照联合国的标准，一个国家或地区 60 岁以上老年人口占总人口的比例达到 10%，或者 65 岁老年人口占总人口的比例达到 7%，即该国家或地区进入老龄化社会。国家统计局《2014 年国民经济和社会发展统计公报》显示：2014 年，我国 13.67

亿人口中，60 岁及以上的老人 2.12 亿人，占总人口的比例为 15.5%；65 岁及以上人口数为 1.37 亿人，占总人口的比例为 10.1%。2015 年底，全国 60 岁以上老年人口达 2.22 亿人，占总人口的 16.1%；65 岁以上人口达 1.44 亿人，占总人口的比例为 10.5%[①]。因此，无论是 60 岁还是 65 岁以上老年人口占人口总数的比例，我国都双双"超标"。此外，从 65 岁以上人口占总人口的比重来看，1982 年为 4.9%，1990 年为 5.6%，2000 年为 7.1%，2010 年为 8.9%，2014 年为 10.1%，2015 年为 10.5%。截至 2017 年底，我国 60 岁及以上老年人口 2.41 亿人，占总人口的比例为 17.3%。以 2000 年为分界线，我国正式开始进入老龄化社会。从这十几年的发展趋势来看，我国的老龄化正呈加速态势。

据世界卫生组织预测，到 2050 年，我国将有 35% 的人口超过 60 岁，成为世界上老龄化最严重的国家。除世界卫生组织的预测外，我国权威部门预计：2025 年，我国 60 岁以上老人将达到 3 亿人，占总人口的比例为 21%，65 岁以上老年人占总人口的比例为 13.7%；2027 年，我国 65 岁以上老人占总人口的比例高于 15%，正式进入深度老龄化社会；2030 年，我国 60 岁以上老人占总人口的比例接近四分之一，65 岁以上老人占总人口的比例达到 16.2%；2040 年，我国 60 岁以上老人占总人口的比例达到 30%，65 岁以上老人占总人口的比例达到 22%，进入超级老龄化社会；2050 年，我国 60 岁以上老人数量将达到 4.34 亿人，占总人口的比例高达 31%，65 岁以上老人占总人口的比例会达到四分之一，达到目前日本的水平。

专业人士指出，我国的老龄化拥有两个"世界第一"：一是老龄人口数量世界第一，二是老龄化速度世界第一。

---

① 国家卫生计生委 2017 年的一项数据显示：到 2020 年，我国 60 岁及以上老年人口将达 2.55 亿人左右，占总人口的比例为 17.8% 左右。

二、国民健康状况不容乐观

根据世界卫生组织公布的一项全球性调查，全世界符合真正健康标准的人仅占总人口的5%，患有各种疾病的人占总人口的20%，其余75%的人处于亚健康状态，全球范围内的"大健康产业"都蕴藏着无限的发展潜力。

在经济快速发展的今天，国民的健康状况不容乐观。媒体报道称，近年来我国癌症发病率持续上升，全国每年新发癌症患者280万人，死于癌症的患者190万人。调查表明，我国60岁以上老年人慢性病患病率是60岁以下人群的4.2倍，且人均患有两三种疾病，肿瘤、心脑血管病、糖尿病、老年精神病患病率明显增加。60岁以上老年人活动受限率为8.1%，为60岁以下人群的2.7倍；残疾率为25.2%，是60岁以下人群的368倍。

三、养老产业存在明显短板

研究表明，目前我国养老产业存在明显短板，最重要的是供需差异极大。

2017年2月，由国务院发布的《"十三五"国家老龄事业发展和养老体系建设规划》指出了"十三五"时期我国养老形势，"十三五"时期是我国全面建成小康社会决胜阶段，也是我国老龄事业改革发展和养老体系建设的重要战略窗口期。该文件指出：我国养老体系存在明显短板，涉老法规政策系统性、协调性、针对性、可操作性有待增强；城乡、区域老龄事业发展和养老体系建设不均衡问题突出；养老服务有效供给不足，质量效益不高，人才队伍短缺；老年用品市场供需矛盾比较突出；老龄工作体制机制不健全，社会参与不充分，基层基础比较薄弱。

（一）养老机构床位缺口大

目前，我国越来越多的老年人倾向于机构养老，但现实情况却是养老机构少，养老床位与老年人的巨量需求不成比例。数据显示，我国养老服务发展还处于初期阶段，养老机构床位缺口大。民政部统计，目前全国各类养老服务机构和设施十多万个。在养老床位方面，每千名老年人拥有养老床位仅 27.2 张，远低于发达国家 50 张至 70 张的水平，也远低于根据"9073"养老模式（即 90% 老年人居家养老，7% 老年人社区养老，3% 老年人机构养老）测算出来的养老床位需求量。

全国老龄委公布的数据显示：未来，我国大中城市老年空巢家庭率将高达 70%，而以传统养老院为代表的养老机构数量目前远远不能满足市场需求。以北京市为例，目前北京全市的养老院床位约 8 万张。其中，公立养老院几乎没有一张空置的床位。

（二）养老服务专业机构人才缺口大

一方面是养老机构床位缺口大，另一方面则是养老服务机构人才严重不足。专业人士指出，随着我国老龄化越来越严重，我国老人护理的需求越来越大。按照目前情形来看，有专业性的居家护理服务能力的人才缺口极大。此外，养老服务人员也严重不足。普华永道预测：中国养老院床位的需求量将从 2015 年的 659 万个增至 2025 年的 1285 万个。参照 3 个老年人配备一个护理员的国际标准，我国养老服务从业人员也严重不足。

四、我国康养产业顶层设计逐渐形成

2013 年，国务院印发《关于促进健康服务业发展的若干意见》，提出要在切实保障人民群众基本医疗卫生服务需求的基础上，充分调动社会力量的积极性和创造性，着力扩大供给、创新发展模式、提高消费能力，促进基本和非基本健康服务协调发展。力争到 2020 年，基本建立覆盖全生命周期、内涵丰富、结构合理的健康服务业体系，健康服务业总规模达到 8 万亿元以上。

"健康中国2020"战略明确提出：到2020年，我国主要健康指标基本达到中等发展中国家的水平，人均预期寿命将从2005年的73岁增加到2020年的77岁，卫生总费用占GDP的比重要增加至6.5%到7%，提高近两个百分点。

梳理发现，近几年来，国家和地方相继出台政策支持康养产业发展。国务院先后出台了《关于加快发展养老服务业的若干意见》《关于促进健康服务业发展的若干意见》《关于促进旅游业改革发展的若干意见》等指导性文件。2016年，国务院发布的《"健康中国2030"规划纲要》指出，应积极促进健康与养老、旅游、互联网、健身休闲、食品融合，催生健康新产业、新业态、新模式。发展基于互联网的健康服务，鼓励发展健康体检、咨询等健康服务，促进个性化健康管理服务发展，培育一批有特色的健康管理服务产业，探索推进可穿戴设备、智能健康电子产品和健康医疗移动应用服务等发展。培育健康文化产业和体育医疗康复产业。制定健康医疗旅游行业标准、规范，打造具有国际竞争力的健康医疗旅游目的地。大力发展中医药健康旅游。打造一批知名品牌和良性循环的健康服务产业集群，扶持一大批中小微企业配套发展。引导发展专业的医学检验中心、医疗影像中心、病理诊断中心和血液透析中心等。支持发展第三方医疗服务评价、健康管理服务评价，以及健康市场调查和咨询服务。鼓励社会力量提供食品药品检测服务。完善科技中介体系，大力发展专业化、市场化医药科技成果转化服务。

我国康养产业顶层设计逐渐形成，为我国康养产业的发展提供了大好的政策环境，这意味着我国的康养产业发展迎来了重要的战略机遇期。

康养小镇为什么这么火

一个显然的事实是，我国已经进入并将长期处于老龄化社会，健康、养老、养生问题受到国家的高度重视。

一、政策支持我国养老事业发展

2017年2月，国务院发布《"十三五"国家老龄事业发展和养老体系建设规划》（以下简称《规划》），进一步落实养老主题的发展与未来规划。此外，浙江、北京、江苏、安徽等地也出台了养老服务规划，我国养老产业发展可期。

《规划》提出发展目标：到2020年，老龄事业发展整体水平明显提升，养老体系更加健全完善，及时应对、科学应对、综合应对人口老龄化的社会基础更加牢固。

《规划》指出，一是要多支柱、全覆盖、更加公平、更可持续的社会保障体系更加完善。城镇职工和城乡居民基本养老保险参保率达到90%，基本医疗保险参保率稳定在95%以上，社会保险、社会福利、社会救助等社会保障制度和公益慈善事业有效衔接，老年人的基本生活、基本医疗、基本照护等需求得到切实保障。二是居家为基础、社区为依托、机构为补充、医养相结合的养老服务体系更加健全。养老服务供给能力大幅提高、质量明显改善、结构更加合理，多层次、多样化的养老服务更加方便可及，政府运营的养老床位数占当地养老床位总数的比例不超过50%，护理型床位占当地养老床位总数的比例不低于30%，65岁以上老年人健康管理率达到70%。三是有利于政府和市场作用充分发挥的制度体系更加完备。老龄事业发展和养老体系建设的法治化、信息化、标准化、规范化程度明显提高。政府职能转变、"放管服"改革、行政效能提升成效显著。市场活力和社会创造力得到充分激发，养老服务和产品供给主体更加多元、内容更加丰富、质量更加优良，以信用为核心的新型市场监管机制建立完善。四是支持老龄事业发展和养老体系建设的社会环境更加友好。全社会积极应对人口老龄化、自觉支持老龄事业发展和养老体系建设的意识意愿显著增强，敬老养老助老社会风尚更加浓厚，安全绿色便利舒适的老年宜居环境建设扎实推进，老年文化体育教育事业更加繁荣发展，老年人合法权益得到有效保护，老年人参与社会发展的条件持续改善。

《规划》还制定了"十三五"期间国家老龄事业发展和养老体系建设主要指标，见表1-1。

表1-1   "十三五"期间国家老龄事业发展和养老体系建设主要指标

类别	指标	目标值
社会保障	基本养老保险参保率	达到90%
	基本医疗保险参保率	稳定在95%以上
养老服务	政府运营的养老床位占比	不超过50%
	护理型养老床位占比	不低于30%
健康支持	老年人健康素养	提升至10%
	二级以上综合医院设老年病科比例	35%以上
	65岁以上老年人健康管理率	达到70%
精神文化生活	建有老年学校的乡镇（街道）比例	达到50%
	经常性参与教育活动的老年人口比例	20%以上
社会参与	老年志愿者注册人数占老年人口比例	达到12%
	城乡社区基层老年协会覆盖率	90%以上
投入保障	福彩公益金用于养老服务业的比例	50%以上

近年来，我国还不断出台相关养老政策，见表1-2。

表1-2   我国相关养老政策

时间	政策名称	出台机关	主要内容
2000	《关于对老年服务机构有关税收政策问题的通知》	财政部、国家税务总局	暂免福利性、非营利性的老年服务机构的企业所得税。
2006	《中国老龄事业发展"十一五"规划》	全国老龄委	提出"十一五"期间我国在养老保障、医疗保险、社会救助等方面要实现的目标和任务。
2006	《关于加快发展养老服务业意见的通知》	国务院办公厅	大力发展社会养老服务机构，鼓励发展居家老人服务业务。

续表 1-2

时间	政策名称	出台机关	主要内容
2008	《关于全面推进居家养老服务工作的意见》	全国老龄委办公室等10部委	全面推进居家养老服务。
2011	《中国老龄事业发展"十二五"规划》	国务院	研究探索长期护理制度，将养老纳入社会经济发展规划。
2011	《社会养老服务体系建设规划2011-2015》	国务院办公厅	提出社会养老服务体系应以居家为基础、社区为依托、机构为支撑，重点推进供养型、养护型、医护型养老设施建设。
2012	《关于鼓励和引导民间资本进入养老服务领域的实施意见》	民政部	民办养老机构免征营业税，根据投资额、建设规模给予一定补贴。
2013	《关于加快发展养老服务业的若干意见》	国务院	到2020年，全面建成以居家为基础、社区为依托、机构为支撑的，功能完善、规模适度、覆盖城乡的养老服务体系。
2014	《关于做好养老服务业综合改革试点工作的通知（含清单）》	民政部	结合申报地区养老服务业发展实际，确定北京市西城区等42个地区为全国养老服务业综合改革试点地区。
2014	《关于做好政府购买养老服务工作的通知》	财政部	以老年人基本养老服务需求为导向，将政府购买服务与满足老年人基本养老服务需求相结合，优先保障经济困难的孤寡、失能、高龄等老年人的服务需求。

续表 1-2

时间	政策名称	出台机关	主要内容
2014	《关于加快推进健康与养老服务工程建设的通知》	国家发展改革委	重点加强健康服务体系、养老服务体系和体育健身设施建设。2015年，每千名老人有床位30张，2020年达到35至40张。
2014	《关于推动养老服务产业发展的指导意见》	商务部	服务设施不断充实，服务内容和形式不断丰富，服务队伍不断扩大。
2015	《关于鼓励民间资本参与养老服务业发展的指导意见》	民政部、国家发展改革委等部委	推进医养融合发展，鼓励社会力量举办规模化、连锁化养老机构，并对其免征营业税，涉及土地使用权转让、不动产转让不征收增值税、营业税。
2015	《关于进一步做好养老服务业发展有关工作的通知》	国家发展改革委、民政部等部委	统筹推进养老服务业综合改革试点，扎实推进健康与养老服务重大工程建设，积极推动养老服务业创新发展。要求要探索建立多元化投融资模式，有力维护养老服务业发展环境，重点支持社区居家养老服务设施建设项目、居家养老服务网络。
2015	《关于开发性金融支持社会养老服务体系建设的实施意见》	民政部、国家开发银行	开发性金融支持养老机构建设项目、养老服务人才培训基地建设项目及养老产业相关项目。
2015	《安徽省城乡养老服务体系建设实施办法》	安徽省民政厅、省财政厅	以满足中低收入老年群体基本养老服务需求为重点，积极支持和引导社会力量参与养老服务，逐步建立多元化、多层次、多形式的养老服务体系。

续表 1-2

时间	政策名称	出台机关	主要内容
2015	《关于推进医疗卫生与养老服务相结合的指导意见》	国家卫生计生委、民政部、国家发展改革委等部委	提出建立健全医疗卫生机构与养老机构合作机制，支持养老机构开展医疗服务，推动医疗卫生服务延伸至社区、家庭，鼓励社会力量兴办医养结合机构，鼓励医疗卫生机构与养老服务融合发展等。
2016	北京市《关于经济困难的高龄和失能老年人居家养老服务工作中有关服务事项的通知》	北京市民政局	开展经济困难的高龄和失能老年人居家养老服务工作，由现有北京通—养老助残卡服务队伍中的养老机构、养老照料中心、养老服务公司等专业的养老服务类企业或社会组织提供。
2016	国务院批转国家发展改革委《关于2016年深化经济体制改革重点工作意见》的通知	国务院、国家发展改革委	完善服务业发展体制。该文件提到：深化养老服务业综合改革试点，全面放开养老服务市场，鼓励民间资本、外商投资进入养老健康领域，提高养老服务质量，推进多种形式的医养结合，增加有效供给。

表 1-2 资料来源：根据公开资料整理。

二、康养小镇建设国家政策

全民健康已经上升到国家层面。在广大人民群众对健康生活品质日益提高、国家大力推广康养小镇的大背景下，近年来，从中央到地方纷纷出台支持康养小镇建设与发展的政策，见表 1-3。

表 1-3　我国康养小镇建设相关的政策

序号	时间	文件名称	主要内容
1.	2013 年	《关于促进健康服务业发展的若干意见》	大力发展医疗服务，加快发展健康养老服务，积极发展健康保险等，促进健康服务业高效发展。
2.	2015 年	《关于支持健康养生产业发展若干政策措施的意见》	支持健康养生产业示范基地建设，对健康养生产业示范基地在基金、项目用地、建设程序、运营管理等方面给予重点培育和支持。
3.	2015 年	《关于推进医疗卫生与养老服务相结合的指导意见》	进一步推进医疗卫生与养老服务相结合，鼓励和引导各类金融机构创新金融产品和服务方式，加大金融对医养结合领域的支持力度。
4.	2016 年	《"健康中国 2030"规划纲要》	促进健康与养老、旅游、互联网、健身休闲、食品融合，催生健康新产业、新业态、新模式，积极发展健身休闲运动产业。
5.	2016 年	《关于全面开放养老服务市场提升养老服务质量的若干意见》	降低准入门槛，引导社会资本进入养老服务业，促进养老产业的大健康与大休闲的融合发展。

三、康养小镇开始持续火热

研究发现，康养产业涵盖的领域十分广泛，比如自然生态环境、医疗、养老、养生、民风民俗、文化旅游、农业高新产业、科技信息、物联网以及社会安全等众多领域。面对国内诱人的健康养老市场，无论是产业资本，还是金融资本，都通过各种方式纷纷布局健康养老产业。

调研发现，在多达一二十种的特色小镇中，有不少主打康养产业的小镇。究其原因：一是我国人口老龄化日趋严峻，银发产业前景广阔；二是随着社会经济快速发展和人们生活水平的提高，人们健康意识逐渐增强；三是"健康中国"的发展理念深入人心；四是国家正大力推广"特色小镇"，文旅类特色小镇、历史经典类特色小镇、农业类特色小镇、现代制造类特色小镇、基金类特色小镇等各类小镇风起云涌，而"健康中国"与"特色小镇"融合程度颇高，健康小镇、康养小镇等正由概念变成实体，成为我国各地方政府提升整体健康服务水平、拉动地方经济增长、促进产业结构升级、解决劳动力就业的重要发展模式。鉴于此，我国康养产业发展迎来大机遇，各地将康养特色小镇作为打造特色小镇、拉动地方经济增长的重要抓手。以广西为例，2017年，广西推出的首批健康产业重点招商项目共有130个，其中康养小镇及其他特色小镇项目23个，总投资近500亿元，平均每个项目投资规模超过20亿元。这些项目包括南宁市马山县红浪康养城项目、贺州市大桂山水森林颐养小镇项目、北海市新营候鸟休闲小镇项目等。

四、康养小镇纷纷落地

近几年来，在中央和地方政府的大力推动下，我国各类特色小镇（如文旅、制造、康养、农业、基金等小镇）如雨后春笋般在各地落地：浙江、江苏、上海、山东、河北、湖北、湖南、四川等地相继落地了各具特色的特色小镇。

调研发现，在各地建设的各类特色小镇中，康养小镇作为一种较为独特的小镇类型受到地方政府的推崇，也受到包括社会资本、金融机构在内的投资者的追捧。可以预见，康养小镇将会是我国各类特色小镇中极为重要和具有爆发力的领域。

康养小镇建设的重要意义

无论是从国家推广特色小镇的背景、目标来看，还是从特色小镇本身产业、人文、旅游、社区等多种功能来看，特色小镇正成为拉动我国经济增长的新引擎。在各类特色小镇中，康养小镇具有投资规模大、产业特色明显、功能突出等多种优势，在解决劳动力就业、促进经济结构转型升级、拉动地方经济增长等方面尤其明显。

一、拉动地方经济增长

从区域发展来看，康养小镇建设有利于拉动地方经济增长，促进城乡经济社会协调发展。

通过建设集生产、生活、生态"三生融合"和产业、人文、旅游、社区"四位一体"的特色小镇（康养小镇），一个明显的作用就是拉动地方经济增长，提升地方投资环境和增强招商引资的吸引力。

首先,康养小镇建设,需要完善基础设施配套建设、保护生态环境、改善投资环境、导入康养产业链上的相关产业、吸引外来投资等。其次,康养小镇建设可以增加税收,促进区域经济快速发展。以泗河源头幸福健康特色小镇项目为例,该项目建成后,据测算,可为当地带来较大的直接税收(比如营业税金及附加税 149744.64 万元,企业所得税 329011 万元)。

具体来说,康养小镇以健康、养老、养生为主导产业,围绕健康、养老、养生,延长康养产业链,引进康养产业上中下产业链上的优质社会资本,进行基础设施和公共服务的协同配套,美化自然生态环境,将生态资源、旅游景点和传统产业结合起来,实现经济良性增长。

二、调整产业结构,促进产业升级

近年来,无论是国内还是国际经济形势都发生了巨大的变化,整个世界经济形势进入了一个新的发展时期。受世界经济形势的影响,推动我国经济发展的"三驾马车"之中的投资和出口近年都出现不同程度的放缓情况。

就我国经济发展动力和产业结构而言,长期以来以大量消耗能源为代价的粗放式发展模式遇到了发展的瓶颈,我国经济转型和产业结构升级势在必行。康养小镇的显著特点是"三生融合"和"四位一体",这与我国"创新、协调、绿色、开放、共享"的新时代发展理念相吻合,也符合当今国际经济"绿色经济、低碳经济、循环经济"的发展趋势,有利于我国经济转型和产业升级。

康养小镇以健康、养老、养生产业为主导产业,有利于调整产业结构,促进产业升级。具体来说,健康、养老、养生、文化、旅游产业属于国家大力发展的现代服务业,康养小镇在建设中通常会引入绿色发展理念,建设生态庄园、绿色果园、休闲农场等,推动当地及周边养老养生产业的发展，从而完善当地生态环境建设，带动当地及周边文化旅游产业发展，将有利于改善地方产业结构，促进产业升级。

三、推动新型城镇化建设

当前，我国正快速推进新型城镇化建设。作为我国的国家战略，"新型城镇化"已经成为政府、社会资本和社会公众等各方关注的焦点。

2016年10月，国家发展改革委发布《关于加快美丽特色小（城）镇建设的指导意见》（发改规划〔2016〕2125号），指出：特色小镇主要指聚焦特色产业和新兴产业，集聚发展要素。各地区可结合产业空间布局优化和产城融合，循序渐进发展"市郊镇""市中镇""园中镇""镇中镇"等不同类型的特色小镇；依托大城市周边的重点镇培育发展卫星城，依托有特色资源的重点镇培育发展专业特色小城镇。

笔者认为，无论是从国家对特色小镇的顶层设计来看，还是从特色小镇的实践探索来看，大城市周边都是特色小镇的集中培育地，是打造特色小镇尤其是康养小镇的最具优势地（有资源优势、交通优势、人才优势、资金优势、管理优势等），是社会资本最理想的投资地，也是特色小镇最易成功之地。就特色小镇而言，其最为明显的特征是产业特色突出、绿色生态、环境优美、宜居宜业。一方面，特色小镇是承接大城市功能的着力点和推进城乡一体化的突破口；另一方面，特色小镇是改善村镇人居环境（如加速村镇道路、污水处理、垃圾处理、河道治理等村镇配套基础公共服务设施建设）、提高人民群众生活质量的重要抓手，是我国新型城镇化建设的带动力量。

有相关专家指出，结合我国特色小镇的发源地浙江省以及其他在特色小镇方面做出成功探索的江苏省、山东省、四川省等地的实践,包括康养小镇在内的特色小镇为我国新型城镇化建设提供了一种可选择的模式,对我国新型城镇化建设具有非常大的推进作用。

四、改善基础设施建设和提高公共服务水平

特色小镇不仅能拉动地方经济增长、增加税收,而且在改善人居环境、提高投资品质和投资环境方面的作用更为明显。

从特色小镇建设自身的要求来看,必须具有社区功能和具备良好的自然生态环境[①]。以我国特色小镇的发源地浙江省为例,浙江省规定所有特色小镇要建设成为3A级以上景区,旅游产业类特色小镇更是要按5A级景区标准建设。又如天津通过建设花园小镇实行城镇全面精细化网格化管理,有条件的街镇要建立智慧共享平台,成为智慧小镇,以风景美、街区美、功能美、生态美、生活美、风尚美为建设内容,居住社区城市绿化覆盖率要达到40%以上,生活垃圾无害化处理率和污水处理率要达到100%,主要道路绿化普及率要达到100%。因此,在严格的要求之下,特色小镇需要改善基础设施建设(如供水、供暖、供气、污水处理、垃圾处理和道路交通等)和公共服务(如学校、医院、养老机构、银行、图书馆等)。与此同时,良好的基础设施和公共服务可以提高人们的生活质量,还可以为小镇吸引、留住优秀人才,实现小镇的持续发展。

就康养小镇而言,相比其他类型的特色小镇,康养小镇对基础设施建设和公共服务的要求更高,从而为居民生活提供生活和工作便利。康养小镇以康养产业为基础,引入养老康复、生命科技研发

---

① 住房城乡建设部等部委联合发布的《关于开展特色小镇培育工作的通知》要求:建设便捷完善的设施服务,基础设施完善,自来水符合卫生标准,生活污水全面收集并达标排放,垃圾无害化处理,道路交通停车设施完善便捷,绿化覆盖率较高,防洪、排涝、消防等各类防灾设施符合标准。公共服务设施完善、服务质量较高,教育、医疗、文化、商业等服务覆盖农村地区。

等健康产业，同时发展文化、旅游和体育等产业，这就需要小镇加强生态环境保护、完善基础设施配套建设，促使环境持续改善。

五、解决劳动力就业

特色小镇建设涉及的领域广、项目多。有统计显示，建设一个特色小镇涉及大大小小的项目上千个，既有特色产业本身，又有配套工程（如市政、交通、学校、医院、养老等）。建设这些项目都需要大量的劳动力，因此可以就近解决当地及周边地区劳动力就业。不仅如此，特色小镇建成后，在漫长的运营期内需要大量的运营服务人员。通过各类技能培训，可以引导当地劳动力由第一产业向第三产业转移。以住房城乡建设部公布的全国首批127个特色小镇为例，其中就业规模最大的镇是广东省佛山市顺德区北滘镇，该镇就业岗位高达18.7万个。即使是就业岗位最少的青海省海西蒙古族藏族自治州乌兰县茶卡镇，解决就业岗位也逾千。

康养小镇作为特色小镇中的一种重要类型，近年来发展迅猛，在促进地方经济提质增效、带动项目所在地劳动力就业方面也发挥了重要作用。通过康养小镇建设，以生态文明理念建设宜居宜业宜游的"小镇社区"，一方面，推动农村户籍人口城镇化，解决周边人口就业，提高人口综合素质，科学、合理地引导农村人口向城镇转移；另一方面，还可以留住当地的产业和人才，吸引城市的资金和技术，产生"倒虹吸"效应。不仅如此，康养小镇在解决项目所在地劳动力就业、提高居民收入的同时，还可以通过产业导入实现国家倡导的精准扶贫。

康养小镇的主导产业为健康养老产业和文化旅游产业，在规划建设运营康养小镇时，还将导入生态庄园、有机农场、绿色果园等与康养相关的产业，从而改善村民生活条件，提升周边村镇居民收入。以泗河源头幸福健康特色小镇项目为例，项目就业容量大、涵盖的行业领域较多，能够直接或间接为当地提供大量的就业机会。项目建成后，项目运营所需要的一般服务人员以安置当地动迁户和当地居民为主，其余紧缺的高级管理人员、技术人员等通过公开招聘解决。届时，项目将直接间接吸纳八千多人就业。具体来说，项目的健康养老产业可以提供包括医疗保健、康复护理、心理卫生、社区服务、餐饮住宿等在内的诸多就业岗位；项目的旅游产业带动系数更大、就业机会更多、综合效益好。同时，在项目建设过程中产生的就业机会能够直接提升当地居民收入水平，从而带动当地消费，促进当地经济发展。

相关重要文件中的"康养"解读

当前,在中央和各级地方政府的大力推广下,特色小镇在我国呈蓬勃发展之势。

从调研的情况来看,在特色小镇建设热潮中,仍然面临着不少问题,甚至出现了与国家推广特色小镇初衷相违背的现象。比如,盲目跟风、一哄而上、急于求成,搞"形象工程"甚至"政绩工程",既增加了政府的债务风险和财务压力,又为未来的特色小镇建设和运营留下很大的隐患。对此,2017年12月,国家发展改革委、国土资源部、环境保护部、住房城乡建设部等4部委联合发布《关于规范推进特色小镇和特色小城镇建设的若干意见》(以下简称《意见》)。《意见》指出:近年来,各地区各有关部门认真贯彻落实党中央国务院决策部署,积极稳妥推进特色小镇和小城镇建设,取得了一些进展,积累了一些经验,涌现出一批产业特色鲜明、要素集聚、宜居宜业、富有活力的特色小镇。但是，在推进过程中也出现了概念不清、定位不准、急于求成、盲目发展以及市场化不足等问题，有些地区甚至存在政府债务风险加剧和房地产化的苗头。《意见》对近两年我国推广特色小镇积累的经验进行了客观总结，同时也对特色小镇推广过程中存在的问题进行了及时纠偏。

结合实际情况对《意见》认真解读，无疑对我国康养小镇建设具有重要的指导意义。

一、从特色小镇定义解读

在《意见》出台前，无论是推广特色小镇的地方政府官员，还是研究和操作特色小镇的业内人士，对于"特色小镇"的理解和认知各种各样，甚至相距甚远：有的人将特色小镇等同于行政建制镇和产业园区；有的人认为特色小镇就是文旅小镇（原因是文旅小镇在当下我国推广的特色小镇中占据半壁江山甚至更多）；有的人认为特色小镇只要有"特色"即可，而不必在乎其特色是否突出，是否与众不同。对此，《意见》对"特色小镇"下了一个精准定义：特色小镇是在几平方公里土地上集聚特色产业、生产生活生态空间相融合、不同于行政建制镇和产业园区的创新创业平台。

首先，包括康养小镇在内，特色小镇的空间范围是"几平方公里"，而不是"想建多大就建多大"。其次，特色小镇的核心是"集聚特色产业"，具体到康养小镇，其特色产业为健康、养老和养生产业。再次，特色小镇要求"生产生活生态空间融合"，这就要求康养小镇既要有生产（康养产业），也要有生活（既有外来的养老群体，又有本地居民），还要有生态（自然环境优美），且这三要素要融合发展。最后，从经济区域看，包括康养小镇在内的特色小镇不同于行政建制镇和产业园区，从而明确了特色小镇与以往的行政建制镇和产业园区是不同的经济体。

二、节约集约用地

《意见》对特色小镇的空间范围予以明确规定：严格节约集约用地。各地区要落实最严格的耕地保护制度和最严格的节约用地制度，在符合土地利用总体规划和城乡规划的前提下，划定特色小镇和小城镇发展边界，避免另起炉灶、大拆大建。鼓励盘活存量和低效建设用地，严控新增建设用地规模，全面实行建设用地增减挂钩政策，不得占用永久基本农田。合理控制特色小镇四至范围，规划用地面积控制在三平方公里左右，其中建设用地面积控制在一平方公里左右，旅游、体育和农业类特色小镇可适当放宽。

从"规划用地面积控制在三平方公里左右，其中建设用地面积控制在一平方公里左右"的规定可以看出，康养小镇的建设也要符合这项规定，必须严格集约节约用地。需要指出的是，对于特殊情况，《意见》采取的是明确的方式界定——"旅游、体育和农业类特色小镇可适当放宽"，原因在于这3类特色小镇具有特殊性（比如文旅小镇以文化、旅游产业为主导，小镇范围内多是山地、湖泊、森林等景区，占地面积大，往往超过十几平方公里甚至数十平方公里），这里的3类特色小镇并不包括康养小镇。可见，康养小镇在用地方面仍受《意见》的约束。

三、康养小镇的地理位置

从实践的情况来看，我国特色小镇所处的地理位置均有不同：有的位于城郊，有的位于景区里面或景区附近，还有的则位于偏远地区或交通不便的村庄。

特色小镇到底应该建设在哪里？对此，《意见》明确特色小镇有"市郊镇""市中镇""园中镇""镇中镇"等不同类型特色小镇。就康养小镇而言，笔者认为应该实事求是，根据康养小镇的特点及项目所在地的具体情况等综合考量。总的来说，有山有水、生态环境优美、交通便捷的城郊更适合于建设康养小镇，主要原因有二：一是符合城市中老年群体的养生养老需求；二是方便城市居民驾车到小镇休闲、旅游、消费，尤其是方便城市居民周末度假。

四、康养小镇建设中的房地产开发问题

从此前我国推广特色小镇的情况来看，部分地区出现了假借特色小镇的名义大搞房地产开发的现象，尤其是部分房地产开发商将目光瞄准"特色小镇"，这有违国家大力推广特色小镇的初衷。对此，《意见》明确指出：要严控房地产化倾向。各地区要综合考虑特色小镇和小城镇吸纳就业和常住人口规模，从严控制房地产开发，合理确定住宅用地比例，并结合所在市县商品住房库存消化周期确定供应时序。适度提高产业及商业用地比例，鼓励优先发展产业。科学论证企业创建特色小镇规划，对产业内容、盈利模式和后期运营方案进行重点把关，防范"假小镇真地产"项目。

笔者认为，国家禁止以特色小镇的名义搞房地产，作为特色小镇的一种类型，康养小镇也应严控房地产化倾向。

五、康养小镇由"政府引导"

传统模式下，重大项目尤其是民生类项目都是在政府的主导下完成。但是，对于"特色小镇"，《意见》明确"政府引导、企业主体、市场化运作"。政府在特色小镇中的职责和功能不是"主导"，而是"引导"；不是"大包大揽"，而是"引领导向"，这厘清了政府与市场边界。因此，政府需要各类社会资本积极参与特色小镇建设。实际上，除了国家从顶层设计层面、各地方政府从政策层面大力推广特色小镇之外，社会资本和金融机构的积极参与也是不可或缺的因素。

从实践操作来看，在政府的引导下，包括健康、医疗、养老等行业的产业资本和金融资本都在积极参与康养小镇的建设和运营。

第二章
康养小镇的核心元素

本章导读

康养小镇基因解码

康养小镇的四大核心要素

康养小镇的开发类型

康养小镇的"智慧"元素

如何科学规划康养小镇

康养小镇基因解码

康养小镇是特色小镇的一种类型。

所谓康养小镇是指以"健康"为特色小镇开发的出发点和归宿点，以健康产业为核心，将健康、养生、养老、休闲、旅游等多元化功能融为一体，形成的生态环境较好的特色小镇。

笔者认为，按照特色小镇生产、生活、生态"三生融合"要求和产业、人文、旅游、社区"四位一体"功能，作为特色小镇的一种重要类型，康养小镇是指以健康产业为特色产业、核心产业，结合康养小镇所在地的人文风俗、旅游景点、自然生态、社区功能打造成功能独特、环境优美、能为人们提供优质服务的小镇区域。

一、康养小镇贯彻大健康理念

康养小镇深刻贯彻大健康理念，通过建设养老康复中心、生命科技研发中心项目，一方面，为老年人提供优质、丰富、全方位的养老和健康服务，使老年人真正实现"老有所养、老有所为、老有所乐"；另一方面，项目所在地优美的自然生态环境与丰富的文化旅游项目能够给人们带来心理和精神上的慰藉。

我国"十三五"之后提出"大健康"建设，把提高全民健康管理水平放在国家战略高度。根据"十三五"规划，群众健康将从医疗转向预防为主，不断提高民众的自我健康管理意识。所谓健康管理，是指对健康进行全面分析、监测、评估并提供健康咨询和指导，以及对危险因素进行干预的全过程，其宗旨是调动个人及集体的积极性，有效地利用有限的资源来达到最大的健康效果。

康养小镇在健康管理方面，应积极引进专业性健康体检机构，创新服务模式和组织业态，加快健康体检专业化建设，发展针对不同群体的健康服务，重点发展亚健康人群干预、中医理疗、慢性病治理，打造健康体检、健康评估、健康咨询等全方位的健康管理服务链。

二、康养小镇提供全过程医疗健康服务

康养小镇提供接续性的医疗健康服务能力，包括预防性、诊疗性和诊疗后期等全过程。具体内容有：在机构方面，设置有保健、医疗、康复、护理和养老为一体的服务设施；在服务方面，结合老人身心状况、依据消费需求热点，以"提升小镇居民健康素养、培养健康生活方式"为目标，提供"预防、治疗、康复、养生"等一整套的配套服务，服务内容包括身体、心理和社交健康，服务环节涵盖预防性、诊疗性和诊疗后期（重点提供康复、护理、日常疗养以及临终关怀服务）。

三、康养小镇投资规模大

据不完全统计，目前我国仅主打"健康"概念的特色小镇就超过

50个，且总投资额预测超过5000亿元，平均每个健康小镇投资额上百亿元，这对地方政府来说是非常大的投资。这些健康小镇涉及医药、养生养老、高科技、文化旅游、教育培训、商贸物流、金融产业以及预防、治疗、养老相结合的全生命周期的健康生活方式，见表2-1。

表2-1　　　　　　　　　　　　　　　国内部分健康小镇基本情况

省（市、自治区）	项目名称	总投资（单位：亿元）	产业定位
浙江	杭州市桐庐县健康小镇	100	以中医药文化为特色，以休闲度假为模式，以健康管理为配套服务，以运动养生为延伸，着力打造以现代健康服务业为主，集运动休闲、生态养生、健康管理、高端养老、健康旅游等为一体的健康小镇。
	杭州市临安区颐养小镇	17	以医药研发、康体养老、健康休闲等为主导产业，构建"医、养、研、产"四位一体的发展模式。"医养结合、以医助养、以研促医"，为大众带来健康管理、康复护理、健身康体、养生养老等"治未病"为特色的健康服务。
	金华市磐安县江南药镇	76.7	药材天地＋医疗高地＋养生福地＋旅游胜地，以中草药文化为主，打造集高端中药产业、旅游度假养生、区域联动发展的江南药镇。
	温州市瓯海区生命健康小镇	80	小镇规划按核心区——健康之"芯"、养生养老区、休闲配套区三大功能设计，通过医疗、养生、休闲大力推进健康产业和卫生公共服务业的有机融合，把健康小镇打造成为医学人才创业福地、医学成果转化阵地、学城联动合作腹地、智慧健康产业高地、生态休闲养生基地。

续表 2-1

省（市、自治区）	项目名称	总投资（单位：亿元）	产业定位
浙江	乌镇雅园	75	有养生度假酒店、医疗公园、国际养老护理中心、颐乐学院、养老居住等功能板块，集健康医疗、养生养老、休闲度假为一体。
四川	都江堰市青城山世界康体养生旅游目的地	1000	道家养生（青城太极、道家打坐、洞经音乐、药膳素餐）+高端医疗养生（基因检测、干细胞治疗、细胞美容等）+中医养生（中医保健、中医美容、中医"治未病"等）+运动养生+健康管理。
海南	博鳌乐城国际医疗旅游先行区	198	发展医疗、养老、科研等国际医疗旅游相关产业，创建低碳低排放生态环境典范。
海南	蓝洋温泉养生运动小镇	20	以温泉文化为魂，以国际健康养生旅游、娱乐购物和高端居住为主导功能，是集温泉风光游览园、温泉度假酒店、疗养院公寓、科研基地、购物中心和花卉植物园等配套设施为一体的高端温泉旅游度假区。
湖北	武当山太极湖		重点发展旅游发展中心、武当国际武术交流中心、太极湖医院、太极湖学校和高档居住区等项目，包括旅游度假板块、水上游览板块和户外休闲板块。重点建设太极小镇、武当山功夫城、老子学院、山地运动公园、武当国际会议中心等项目，是集旅游观光、休闲娱乐、养生养老、度假为一体的综合度假区。

续表 2-1

省（市、自治区）	项目名称	总投资（单位：亿元）	产业定位
河北	秦皇岛圆明山康养旅游文化度假小镇	20	以康养产业为核心，汇聚旅游、康养、度假、休闲为一体的生态特色小镇，包括绿城医疗产业、绿城园区服务体系、颐乐学院、双语幼儿园、时间银行、睦邻社等各种配套设施与服务体系。
	唐山市玉田县养生小镇	20	文创休闲、医养度假、健康农业。
	保定市安国市药苑小镇		把传播中药文化、引领中药标准化种植作为项目建设主题，以健康养生休闲为特色，集科研、教育、实习为一体，建设京津冀地区以中医药文化展示为核心的综合性旅游示范园区。
	秦皇岛市北戴河新区医疗康养旅游小镇		设立专科医院、实验室疗法特区（生物产业孵化器）、国际健康中心、康养社区、精英社区、温泉酒店等板块，为客户提供一站式、个性化、保姆式的健康服务，推动医疗、康养与旅游的融合发展。构建以医疗、康复、疗养、休闲、度假、会议会展为一体的"医、药、养、健、游"大健康产业体系，建设医疗康养旅游特色小镇。
	秦皇岛国际康养旅游中心	15	以"旅游+医疗"模式为核心，打造集定制化康养医疗服务、孵化场地等功能为一体的国际健康旅游基地。中心分为医疗体验区、康养游乐区和度假休闲区三大功能片区，以生殖医学中心、展示中心、细胞制备中心、健康管理中心与全球私人医生中心等一期项目构建康养坐标群。

033

续表 2-1

省（市、自治区）	项目名称	总投资（单位：亿元）	产业定位
河北	蔡家峪中医药文化旅游小镇		包括中草药花海游览区、中医药健康养生区、中医药传统文化学习培训区、中医药文化交流区、中医药企业及知名中医人才聚集区、禅修区和养老苑等。
	燕达国际健康城	100	以国际医疗服务、健康养护服务为核心业务，以医学科研、医学教育为技术和人才支撑，以国际化、集团化、标准化、信息化为运营模式。燕达国际健康城共分五大版块：燕达国际医院、燕达金色年华健康养护中心、燕达国际医学研究院、燕达医护培训学院、燕达国宾大酒店。
	涞水县月亮湾健康小镇	15	集吃、住、游、休闲、养生、度假、会议为一体的综合旅游小镇。
福建	三明市明溪县药谷小镇	62	以生物医药产业为主导，集医药生产加工、种植观光、商贸物流、文化旅游、康养休闲五大功能区为一体并延伸拓展医药产业链、投资链、创新链、人才链、服务链的3A级旅游宜居"特色小镇"。
	宁德市屏南县药膳小镇	27.4	以"药膳养生＋旅游"为主线，以"药膳屏南、养生福地"为产业定位，逐步构建集药膳产业发展、药膳医疗养生、药膳商业服务、药膳旅游体验为一体的药膳医、养、游综合体系。
安徽	亳州市城区十河芍花养生小镇		中药材种植、文化旅游、养生度假。

第二章　康养小镇的核心元素

续表 2-1

省（市、自治区）	项目名称	总投资（单位：亿元）	产业定位
安徽	绿城（蓝城）健康养老小镇	50	建设能容纳3万人规模的融农业与养老为一体的复合型小镇，包含康养医疗、旅游娱乐设施，提供特色餐饮、休闲、度假、娱乐等服务。
	中铁四局佰和佰乐巢湖国际健康部落	50	包含全科医院、老年护理中心、活动中心、康疗养生中心、护理培训中心、常青学堂、老年公寓、养老体验中心以及其他老年餐饮、商业、娱乐配套服务设施，并利用周边非建设用地打造家庭周末农场及花海休闲公园。
广东	从化国际生命健康城	380	以"医疗、康复、养生"为生命核，集"医、养、康、游、业"为一体的国际化生命健康复合体，打造高端医疗、养生养老目的地，包括医疗城、健康城、教育城和商业城。
	中英（广东）国际医疗健康城	29	包含一家有1000张床位的综合三甲医院、一家有500张床位的抗衰老医院以及一家有500张床位的老年病医院，定位成集社会服务、急救、高端医疗、健康旅游、养生康复、教学研为一体的国内标杆型现代化生态型综合医疗城。
	梅州市东山健康小镇	50	规划建设东山医院、免疫细胞组织库、南药种植基地、高端养老公寓、休闲观光庄园等，打造成为"宜业、宜养、宜创、宜游、宜居"五位一体的新型发展空间。

续表 2-1

省（市、自治区）	项目名称	总投资（单位：亿元）	产业定位
广东	潮州市太安堂健康医药特色小镇	100	打造集医药产业（康复中心、月子会所、生殖系统、心脑血管、三高等专科门诊、骨科微创、美容中心、急救中心、健身中心、养生学校、颐养中心以及心脑血管药、中药外用药、极品参养生、特效中成药等）、高科技产业（人工智能化中药生产基地）、养生产业（中医药养生养老社区、东山湖温泉度假村）、文化产业、金融产业为一体的五大产业发展平台。
	康美健康小镇	68	打造"候鸟式智慧养生健康文化旅游项目"，结合康美中医药的产业优势，形成七大功能区，包括小镇门户广场区、健康商业区、健康产业区、健康体验区、高端康养区、健康养老区、健康医疗区。
江苏	乐百年健康小镇	50	以中医药养生、宗教养生以及休闲养生等为主题的休闲养生度假区。
	苏州万科华大生命健康小镇	120	打造以基因大数据研究为核心的精准医疗产业园区，建成"一园、一区、两学院、三中心"。"一园"即生命健康产业园，"一区"即农业示范区，"两学院"即未来学院、研究院，"三中心"即数据中心、健康中心以及细胞中心。配套建设高端酒店、精品民宿及相关健康产品的商业形态，配建小学、研究生院、养老科技住宅、高端医疗检测中心、治疗康复住宅、国际性专业会议设施等业态。

第二章 康养小镇的核心元素

续表 2-1

省（市、自治区）	项目名称	总投资（单位：亿元）	产业定位
湖南	长沙县春华健康城	97	以现代农业、健康管理、活力养老为三大业态，通过整合优质资源，构建健康产业链，打造集"生态度假、健康养生、创意娱乐、高端体检、高端医疗、活力养老"等六大功能为一体的健康养生休闲度假综合体。
湖南	梅溪湖恒大国际健康城	300	包括国际高端医院、医药生命谷及颐养社区三大板块。打造集医学研发、健康管理、康复养老等功能为一体的健康服务产业集群，推动医、养、研、商、游五大产业形成核心产业链。
河南	郑州恒大国际健康未来城	230	以"1+N"（指家庭+养老、养生、医疗、抗衰老、医学美容、文娱、运动、天伦之乐、多彩生活等）及防、治、养相结合的全生命周期的健康生活方式为理念，打造国际健康未来城。一期建设恒大国际医学体验中心、恒大国际医美与抗衰老中心、恒大国际高中、商业中心、特色风情商业街区、养生酒店、商务办公及创客中心；二期建设健康管理中心、医疗康复中心、生命科学研究中心、营养咨询中心、老年护理介助中心等养生养老配套设施以及医疗、医药产业孵化器；三期建设恒大国际医药机构、恒大国际医学研究转化中心、高端养老机构。

续表 2-1

省（市、自治区）	项目名称	总投资（单位：亿元）	产业定位
江西	安源青山镇中医药健康养生小镇	20	以医疗为依托，打造覆盖医疗及中草药种植、加工，以中药制药、中医药养生、老年人养老与托老、中医药文化园、中医药旅游、中医药文化为灵魂的养生小镇。
广西	贺州市大桂山水森林颐养小镇	90	规划建设瑶文化体验区、生态主题乐园、福森生态谷、龙达养生谷，建设三甲保健医院、颐养学院、大桂山珍贵药材馆、星光剧院、产权式别墅酒店群、创意时尚水街、滨水主题社区、养生度假酒店、居家养生社区等。
甘肃	定西市陇西县首阳中药材小镇	62	打造国内外知名的"中医康复、保健养生、休闲度假"目的地，汇聚药材种植集散基地、药材研发加工领地、中药养生养老福地、休闲度假观光胜地，涵盖中药材标准化种植基地、精深加工、商贸流通、旅游保健、综合服务、休闲养生及配套基础设施建设等7大类32个项目。

表 2-1 数据来源：网络资讯。

康养小镇的四大核心要素

伴随着我国经济的快速发展，我国的人口老龄化现象也越来越严重，"康养小镇"越来越受到政府、社会资本和社会公众的青睐。

"特色小镇"的特征主要体现在四个字："特"指产业有特色；"色"指环境优美，要求按3A景区及以上标准（多数旅游小镇还要求按4A或5A景区建设）打造；"小"指规模比较小，规划面积一般控制在三平方公里左右，建设面积控制在一平方公里左右；"镇"指区别于以前的行政建设镇和产业园区，是一个融"产业、文化、旅游、社区功能"四位一体的发展平台[①]。按照住房城乡建设部等部委联合发布的《关于开展特色小镇培育工作的通知》，特色小镇应具

---

① 据克而瑞研究中心介绍，"特色小镇"既是一个产业载体，也是文旅空间，更是宜居宜业的大社区。特色小镇不是传统意义上的"镇"，它既不是行政区划单元上的一个镇，也不是产业园区的一个区，而是一个集产业、文化、旅游和社区之功能为一体的新型聚落单位，是以产业为核心，以项目为载体，生产、生活、生态互相融合的一个特定区域。

有特色鲜明、产业发展、绿色生态、美丽宜居的特征。特色小镇建设关键在"产城融合",强调"产业、文化、旅游、社区"功能叠加。就康养小镇而言,康养小镇以其"特而强"的核心产业,健康养生、养老医疗、休闲娱乐、旅游度假等"聚而合"的功能,环境优美、多规合一等"小而美"的形态,自主投资、混合经营、资源入股等"新而活"的机制,成为我国特色小镇建设和经济社会发展中一道独特的风景。

大体而言,康养小镇具有以下核心要素:地理资源较好、交通便利、康养产业突出、功能"聚而合"。

一、地理资源较好

创建发展一个康养小镇,首先的基础条件即是良好的生态环境和气候条件,这是康养小镇建设与其他小镇(如现代制造小镇、基金小镇、物流小镇)不同的地方。进一步而言,现代制造小镇、物流小镇对交通、区域经济环境的要求更为苛刻。

在生态环境和气候条件的基础上,康养小镇再根据当地其他特色资源,比如温泉资源、山川资源、湖泊资源、长寿文化、森林资源、旅游资源,发展医疗健康产业、农业产业、文化旅游产业等,发展融合不同产业体系的康养小镇。

实践发现,适宜创建发展康养小镇的区域,通常情况下都具有良好的自然生态环境、气候条件、旅游资源和交通条件。以生态养生为例,康养小镇一般依托项目所在地良好的自然生态环境和气候条件,构建健康养老、度假养生、生态体验等,常见的类型有温泉养生、森林养生、湖泊养生、田园养生等养生业态。再以医疗养老为例,康养小镇一般会将医疗、康复、休闲、旅游、文化、体育等多种元素融入小镇,发展康复疗养、旅居养老等养生养老业态,重点项目包括医疗(包括中医、西医、健康食品产业,如中药材基地、有机食品基地)、文化产业(深度挖掘项目所在地独有的宗教、民俗、历史文化，达到修身养性、陶冶情操的目的）、体育运动产业（依托山地、水体等地形地貌发展户外体育运动、养生运动，如徒步旅行、太极、武术等户外康体健身运动）。

二、交通便利

研究认为，特色小镇不是规划出来的，一个地方是否适合建设特色小镇，关键是其有无与众不同的资源优势：扎实的产业基础、四通八达的交通优势、深厚的人文旅游优势等。

在交通方面，康养小镇一般建设在大城市的周边，一方面，为居民入住提供方便；另一方面，为人们休闲旅游提供方便；再者，还可以为康养产业落地、发展提供便利。

2017年12月5日，国家发展改革委、国土资源部、环境保护部、住房城乡建设部联合发布《关于规范推进特色小镇和特色小城镇建设的若干意见》，要求：各地可结合产业空间布局优化和产城融合，循序渐进发展"市郊镇""市中镇""园中镇""镇中镇"等不同类型的特色小镇；依托大城市周边的重点镇培育发展卫星城，依托有特色资源的重点镇培育发展专业特色小城镇。

三、康养产业突出

根据住房城乡建设部等部委联合发布的《关于开展特色小镇培育工作的通知》，培育特色小镇要从当地经济社会发展实际出发，发展特色产业，传承传统文化，要依据特色资源优势和发展潜力，科学确定培育对象，防止一哄而上。要培育特色鲜明的产业形态，"产业定位精准，特色鲜明，战略新兴产业、传统产业、现代农业等发展良好、前景可观。产业向做特、做精、做强发展，新兴产业成长快，传统产业改造升级效果明显。"

特色小镇强调产业"特而强"，康养小镇也不例外。在产业特色方面，康养小镇强调以"健康"和"养生"为主的产业，重点打造休闲度假、健康食品、绿色农业、体育产业，从而形成生态养生健康小镇产业体系。此外，医疗服务也是健康产业的基本内容。康养小镇一定要加强与国内外专业医疗机构和知名医学院校合作，大力发展适宜康养小镇特殊人群需要的专业医疗服务机构和重点专科特色医院，为特殊人群提供周到细致的服务，打响康养小镇的服务品牌。

四、功能"聚而合"

特色小镇功能上是"聚而合"，要形成连带关系，而不是将一堆没有任何关联的东西生搬硬套放在一起，彼此没有任何联系，一盘散沙，形不成合力和竞争力。就康养小镇"聚而合"的功能而言，其关键词主要是"健康""养生""养老""旅游""休闲""度假"，且这些功能要融为一体，多业态聚合。具体而言，康养小镇主要是根据旅游者和居民的需求，将健康养老、医疗服务、文旅体验、休闲度假以及体育运动等业态聚合，实现康养小镇的功能"聚而合"。

下面，我们以浙江桐庐健康小镇为例来介绍康养小镇功能的"聚而合"。

桐庐健康小镇是浙江省首批37个特色小镇之一，也是浙江省最早从事健康产业的特色小镇。地方政府围绕"生态为基、产业为王、项目为要"三大要求，在桐庐山水最秀美的环境中，在健康城的核心区块，围绕健康养生、生命科学、中医药保健、体育旅游休闲四大特色产业打造了桐庐健康小镇。

桐庐健康小镇在产业特色方面做足文章：健康养生养老、中医药保健、健康旅游、健康食品、医疗服务、健康管理等多类型关联产业集聚。在机制方面，桐庐健康小镇也是"新而活"，如充分利用自主投资、混合经营、产业基金、项目孵化等灵活多样的合作方式，点式供地、资源入股。此外，政府产业扶持、项目奖励、人才吸引等多重优惠的政策服务也吸引着越来越多的项目落户桐庐健康小镇。

桐庐健康小镇以数个核心项目组成。比如，著名的江南养生文化村项目坐落于桐庐富春山健康城核心区块，毗邻大奇山国家森林公园，与城市 CBD 无缝衔接，森林覆盖率 80% 以上，一年中空气质量优于二级标准的优良天数有 340 天以上，PM2.5 浓度年均值低于 35，负离子浓度为 2578 个 /cm^3。项目总投资 10 亿元，总规划面积约 20 万平方米，建筑面积 8.6 万平方米。该项目建设有三大模块，分别为健康管理中心、养生度假中心、国际交流中心，其功能定位于养生度假与医疗旅游相结合的国际化医养结合体验中心。其中，健康管理中心是中国中医科学院基础临床研究所中医养生江南健康养生临床基地，设有江南国医馆、睡眠管理中心、国医大师工作室等，以传统中医"治未病"为纲，中西并举，提供体检、问诊、理疗、睡眠监测和干预等专业服务。养生度假中心则设有 500 个单元的全地暖套房，可提供 1000 人长短期的养生养老健康促进服务，设有江南健康促进大学、江南瑜伽院、休闲咖啡吧、健身娱乐区、药浴理疗区、开放式书店、生活精选超市、有机果蔬店、儿童游乐园、鲜花铺等，可以满足人们日常生活的一站式需求，融入酒店式精致服务，享受江南幸福邻里生活。

数据显示，桐庐健康小镇成立后仅仅两年时间里，就完成固定资产投入 27.16 亿元，税收 2.02 亿元，旅游人数 187.6 万人次[①]。

[①] 其中，2015 年完成固定资产投入 11.11 亿元，税收 0.97 亿元，旅游人数 90 万人次；2016 年完成固定资产投入 16.05 亿元，税收 1.05 亿元，旅游人数 97.6 万人次。

康养小镇的开发类型

在全国各地如雨后春笋般涌现的康养小镇中，各种小镇类型不一、名称多样，且每种类型都有自己的主题和特色，比如宗教文化养生型、长寿文化养生型、生态养生型、温泉养生型、医养结合型等，但总的目的和宗旨一致：打造一个集养生养老、医疗护理、旅游休闲的小镇区域，为拥有一定经济实力的中老年群体提供全方位的健康养老服务。

就"康养小镇"的打造而言，相关专家研究认为：应根据小镇所在地的自身特色、生态环境、经济发展、人口数量等核心要素来确定康养小镇的开发类型，因地制宜。在实践操作中，目前我国康养小镇大致有如下几种开发类型。

一、宗教文化养生型

宗教文化是一种独特的人文旅游资源。我国具有深厚的宗教文化资源。宗教文化养生型康养小镇主要是依托道教、佛教等宗教文化资源，打造集宗教文化养生体验、养生教育、养老、休闲度假等为一体的综合度假区。

通常情况下，宗教文化养生型康养小镇分布在历史人文旅游景区或景区周边。

下面，我们以湖北武当太极湖为例来介绍宗教文化养生型康养小镇。

资料显示，武当山太极湖生态文化旅游区由太极湖新区和太极湖旅游区组成。其中，太极湖新区即武当新城板块，由商业娱乐区、旅游服务区、养生度假区组成，重点建设旅游发展中心、武当国际武术交流中心、五星级太极湖国际大酒店、武当艺术馆、太极剧场、太极湖学校、太极湖医院、商业步行街和高档居住区等项目。太极湖旅游区由旅游度假板块、水上游览板块和户外休闲板块组成，包括国际创意区、运动公园区、度假酒店区、管理中心区、文化体验区、旅游码头区、主题公园区、集散中心区、水上游览区、户外营地区、森林公园区、户外大本营区、后勤服务区和新农村示范区，重点建设太极小镇、武当山功夫城、老子学院、太极养生谷、山地运动公园、武当国际会议中心、超五星级文化主题酒店、蓝湾、武当山旅游码头、游艇俱乐部、汽车营地、自行车营地、户外小镇、户外学校等项目。武当山太极湖生态文化旅游区集旅游观光、休闲娱乐、养生度假为一体，重点依托武当山的道教文化和良好的生态环境发展养生养老、健康度假产业。整个生态文化旅游区规划面积57平方公里，投资总额180亿元，其总体结构分为一环、二轴、两区、四大板块、十七个功能分区，共建设9大项目群、180多个子项目（包含重点项目30个）。

二、生态养生型

近年来，随着我国社会经济的快速发展，人们的生活水平日益提高，人们居家养老的观念逐步改变，一种全新的养老理念——"生态养老"开始流行。

所谓"生态养老"，顾名思义，指的是老年人通过亲近自然生态环境，享受自然环境，从而提高生活品质的一种全新养老模式。调研发现：当前，我国越来越多的老人不再满足于离退休以后"提篮子、带孩子、绕着炉台子"的单调生活，他们希望走出家门，走到环境优美的大自然中，根据自身的兴趣和爱好亲近自然、贴近自然，用各种方式享受生活和陶冶身心。具体来说，诸如养鸡养鸭、种草植花、采摘蔬果或上山锻炼身体等项目都是老人们愿意参与的。

生态养生型康养小镇指以原生态的优美的自然环境（比如山区、森林、湖泊等地）为基础，重点打造养生养老、文化旅游、休闲运动、种植养殖等健康产业。

下面，我们以被住房城乡建设部列入第一批全国特色小镇名单的辽宁大连瓦房店谢屯镇为例来介绍生态养生型康养小镇。

公开资料显示，谢屯镇位于辽宁省大连市北部的渤海湾畔，紧邻长兴岛国家级经济开发区，距大连市区仅1小时车程，全镇面积为192.5平方公里，海岸线长36公里，辖8个行政村和1个社区，总人口近五万人。镇内有高速公路、疏港铁路、滨海大道、县级公路以及乡级公路，交通十分便利。

谢屯镇依山傍海，自然生态秀丽，风景独特，拥有美丽宜居的环境。经过多年发展，谢屯镇逐步形成了休闲、养老、渔业、海盐业等产业。其中，休闲、养老业发展最为迅速，是全镇的主导产业。目前，谢屯镇以休闲养老产业为特色，以旅游产业发展为支撑，形成了美丽宜居、休闲度假、特色养老的休闲养老特色小镇。小镇已建成的养老社区可容纳1.2万对老人同时居住，配套设施有温泉会馆、体育馆、老年俱乐部、医院、中医诊所等。养老社区户型结构有高层、小高层、瓦房、别墅以及四合院等，充分满足老年人的养老需求。此外，谢屯镇按照"大旅游"理念，打造集观光、度假、民俗、宗教、运动等各种旅游并存的发展格局，如独具特色的海盐文化（包括盐田观光、盐业博物馆、死海漂浮浴等旅游项目）、田园文化，形成养老与旅游产业互动、融合发展的一体化格局。

三、长寿文化养生型

长寿文化养生型康养小镇主要依托长寿文化，以食疗养生、医疗养生、山林养生和自然生态养生等为核心，打造集绿色健康餐饮、养生度假、休闲旅游等多功能为一体的健康养生养老体系。

下面，我们以浙南健康小镇为例来介绍长寿文化养生型康养小镇。

浙南健康小镇位于浙江省龙泉市兰巨乡，背靠国家级自然保护区龙泉山，是长寿龙泉第一乡，这里山好水好空气好，食药材资源极其丰富，是健康食养、药养绝佳福地。当地充分利用长寿品牌，以"寿"字山、长寿林生态屏障为依托，建设体现长寿文化和崇尚健康的养生旅游基地；利用其得天独厚的生态条件和长寿特色，发展农业观光、健康餐饮、休闲娱乐、养生度假等多功能的健康长寿小镇。

四、医养结合型

调研发现，真正医养结合的养老机构一床难求。"医养结合"优势明显，其能有效整合医疗和养老两方面资源，是一种有病治病、无病养老的新型模式。

2016年7月初，民政部、国家发展改革委正式印发《民政事业发展第十三个五年规划》的通知（民发〔2016〕107号），指出：积极开展应对人口老龄化行动，加快发展养老服务业，全面建成以居家为基础、社区为依托、机构为补充、医养相结合的多层次养老服务体系，创新投融资机制，探索建立长期照护保障体系，全面放开养老服务市场，增加养老服务和产品供给。在加强养老服务机构建设方面，深化养老服务供给侧改革，积极支持社会力量举办养老机构，办好公办保障性养老机构，深化公办养老机构改革，重点发展医养结合型养老机构，增加养护型、医护型养老床位，提高养老服务有效供给，到2020年每千名老年人口拥有养老床位数达到35张至40张，其中护理型床位比例不低于30%。

医养结合型康养小镇重点是依托医药产业和医药文化，打造集医疗养生、健康养老、休闲度假等为一体的康养特色小镇。

下面，我们以江苏大泗镇中药养生小镇为例来介绍医养结合型康养小镇。

公开资料显示，江苏大泗镇历史悠久绵长，具有深厚的医药文化，老中医、老药铺众多，历史上曾出现"一街十六药铺"的盛况。

江苏大泗镇中药养生小镇位于大泗镇中药科技园区，占地0.87平方公里，总投资4亿元。该园以"中药材种植，产学研养游"为特色，致力打造"国内一流，江苏第一"的示范性中药科技园，园内分为中药种植生态区（主要种植泰半夏、决明子、药用花卉等）、中药科技园养生体验区（主要有中药养生馆、中药文化展示馆、游客中心等）、中药材加工区（重点发展中药材饮片加工及相关产业）、中药商贸文化街区（建筑为明代风格，重点建设小镇客厅、国医馆、药膳馆、养生馆、特色商铺及民宿等）以及养生养老配套服务区（完善社区功能，拓展养生养老服务产业）。

大泗镇中药养生小镇以中药科技园为核心[①]，打造"1+3+X"的发展体系：1为中药科技园，3指休闲娱乐、中药养生、医疗器械产业三大健康产业，X为舞台文化、养老、生态农业等多个配套产业，打造中药文化、养生文化、旅游文化的平台。

五、温泉养生型

温泉养生文化历史悠久。温泉养生型康养小镇重点依托温泉这一独特的核心资源，发展"温泉+"特色产业，比如温泉+养生、温泉+养老、温泉+健康、温泉+休闲、温泉+旅游等，从而形成具有浓郁温泉特色的温泉养生小镇。

下面，我们以福建厦门汀溪镇为例来介绍温泉养生型康养小镇。

2016年10月，福建省厦门市同安区汀溪镇被国家发展改革委、财政部以及住房城乡建设部共同认定为第一批中国特色小镇。汀溪镇地处厦门市同安区西北部，是厦门及闽南地区的后花园，城镇面积为155.85平方公里，镇区常住人口0.3万人。

作为"厦门生态第一镇"，山清水秀、人杰地灵的汀溪镇立足自身丰富的旅游资源，以温泉特色养生为主题，因地制宜地对温泉产品进行复合型开发，通过温泉旅游、生态旅游和旅游地产三条线同步打造乐活小镇。

[①] 2017年12月5日，国家发展改革委、国土资源部、环境保护部、住房城乡建设部联合发布《关于规范推进特色小镇和特色小城镇建设的若干意见》，要求各地可结合产业空间布局优化和产城融合，循序渐进发展"市郊镇""市中镇""园中镇""镇中镇"等不同类型的特色小镇；依托大城市周边的重点镇培育发展卫星城，依托有特色资源的重点镇培育发展专业特色小城镇。按照本意见，大泗镇中药养生小镇应为"园中镇"。

康养小镇的"智慧"元素

随着我国老龄化进程的不断加快，传统的养老模式已经难以满足现实的养老需求：一是养老人口不断增加，二是养老条件日益提高。因此，"智慧养老"已经成为未来的发展趋势。在我国大力推广的特色小镇、康养小镇纷纷落地及"智慧养老"的大背景下，在康养小镇建设中融入"智慧"元素是不二选择。

一、智慧养老成养老领域新趋势

所谓智慧养老，是指面向居家老人、社区及养老机构的传感网络系统与信息平台，并在此基础上提供实时、快捷、高效、物联化、互联化、智能化的养老服务。智慧养老的实质就是使用现代科技助力老年人的晚年生活，提升老人的晚年生活质量，从而实现智慧助老、智慧用老和智慧孝老。比如，针对很多老人的居家养老需求,广州市白云区通过搭建线上居家养老信息平台,对家政服务、医养结合、助餐配餐等线下服务进行智能化管理。老人可以利用手机 APP 联系助老员到家中上门开展卫生保洁、配餐派送和诊疗陪护,并实现全程实时跟踪、同步管理。

目前,我国智慧养老产业中主要采用互联网技术、可穿戴设备、物联网技术、大数据技术等信息技术手段推进智慧健康养老应用系统集成,对接各级医疗机构及养老服务资源,建立老年健康动态监测机制,整合信息资源,为老年人提供智慧健康养老服务。以可穿戴设备(如健康管理类可穿戴设备、便携式健康监测设备、自助式健康检测设备、智能养老监护设备、家庭服务机器人等)为例,由于其可以帮助解决部分空巢老人的照顾问题,已经成为智慧养老产业消费品中令人瞩目的焦点。

调研发现,养老领域越来越聚焦"智慧"元素,比如安防设施、可穿戴设备等,这大大提高了养老的质量。也就是说,"智慧养老"已成为养老领域新趋势:一是依托互联网、大数据等实现智慧,二是探索互联网、云计算、大数据等新一代信息技术为养老服务。

为贯彻落实《国务院关于积极推进"互联网+"行动的指导意见》(国发〔2015〕40号)、《国务院办公厅转发卫生计生委等部门关于推进医疗卫生与养老服务相结合指导意见的通知》(国办发〔2015〕84号)、《国务院办公厅关于促进和规范健康医疗大数据应用发展的指导意见》(国办发〔2016〕47号)、《国务院办公厅关于全面放开养老服务市场提升养老服务质量的若干意见》(国办发〔2016〕91号)等文件的要求,加快智慧健康养老产业发展,2017年2月,工业和信息化部、民政部、国家卫生计生委制定了《智慧健康养老产业发展行动计划(2017—2020年)》,计划加快智慧健康养老产业发展,培育新产业、新业态、新模式,促进信息消费增长,推动信息技术产业转型升级。

二、"互联网+"与"康养小镇"嫁接

早在2015年,"互联网+"就上升为国家战略。通过"互联网+"的应用与推广,使传统产业突破发展瓶颈、新兴产业更快发展。那么,随着我国大力推广康养小镇,"互联网+"与"康养小镇"二者有着怎样的结合点?

显然,当下的"互联网+"已是一种生活方式、生产方式、经营方式,未来的生产和生活一定是有互联网的基因的。如果与"互联网+"嫁接,"互联网"将打破传统产业的发展瓶颈,成为康养小镇产业集聚、创新和升级的新平台与新动力。

调研发现,康养小镇建设要充分利用当地的生态环境,广泛应用云计算、物联网、人工智能等新一代信息技术,不断为老人提供康养服务质量,同时不断提升线上、线下营销服务水平。

下面,我们以我国特色小镇的发源地浙江乌镇为例来介绍"互联网+"与"康养小镇"嫁接的情况。

浙江乌镇在全国养老行业率先开创"互联网+"新模式,即"智慧养老2+2新模式",实现了居家和社区养老、医疗服务的全覆盖。据介绍,所谓"智慧养老2+2新模式",即通过线上云平台(乌镇智慧养老综合服务平台、远程医疗服务平台)和线下服务资源(居家养老服务照料中心、社区卫生服务站),以健康档案为核心,利用自动检测终端、健康管理APP、物联网智能居家设备,对老年人进行持续健康状况跟踪,记录进个人电子健康档案,最终建立集预防保健、全科医疗、康复治疗、健康教育、计划免疫指导于一体的连续性、综合性、低成本、高效率、可复制、易推广的医养服务模式。

据相关报道称,乌镇服务体系利用阿里云、微信、APP等集中开发服务与管理应用系统,并建立数据模型。他们为老人在家中安装"智能居家照护设备""U-CARE远程健康照护设备",派发"SOS呼叫跌倒与报警定位"设备,最终形成以互联网为基础的智慧养老

综合服务平台。该项目通过建立老人服务卡，将老人的基本信息、健康信息、服务信息一体化管理，为综合评估老年人的健康状况提供了更全面的支持，可以为老人制定慢病干预计划等。该项目也可以让老人体验互联网，如可以学习使用微信、平板电脑、3D 打印技术及体验体感互动游戏、网络电视等。

三、"智慧"在康养小镇中的应用

综上所述，"智慧养老"已成为养老领域新趋势。那么，又该如何将"智慧"理念应用到康养小镇建设中呢？

业内专家建议可从以下几方面将"智慧"理念应用到康养小镇当中。一是生活照顾，在康养小镇建筑上和公共设施上为老年人提供得心应手的服务，比如门牌设置、走廊和房间的扶手、报警装置。二是生理健康服务，比如老年人日常心率、呼吸、脉搏血压等生命体征指标的测量，智能家居报警，老年人紧急救援情况等。三是心理照料，老年人的心理孤独成为社会普遍关注的问题，一方面，与身体健康因素有关；另一方面，子女不在身边，缺少陪伴和照顾，这就需要康养机构为老年人提供心理照料，比如多与年轻人、儿童接触[①]。

据了解，"智慧"理念已经在我国康养小镇中成功应用。下面，我们以国内某公司和山东省某市政府通过 PPP+EPC 模式共同打造的智慧康养小镇为例来介绍"智慧"理念在康养小镇中的应用。

该小镇以医养结合为核心，以智慧康养为特色，以康养产业为支撑，形成一个集医疗康复、养老养生、休闲度假、康养研发等大

[①] 在德国，有很多老年人共同购买一栋别墅，分户而居，由相对年轻的老人照顾高龄老人。

瑞士等国建立了很多"结伴而居"的"室友之家"，安排大学生和独居老人合住，由大学生照顾老人，老人既能得到周到的服务，心情又愉悦，可以说身心更健康。与此同时，通过与老人们相处，大学生们能学到更多的生活知识，获得更丰富的人生阅历和与人相处的本领。

康养小镇

康养产业链要素于一体，宜居、宜养、宜游、宜业的智慧康养特色小镇。

该小镇规划用地面积约三平方公里，投资规模总额约五十亿元，计划5年完成。主要建设有核心医疗服务区内二级甲等某区中医医院、某区社会福利中心、郊野公园、配套道路及市政基础建设。该小镇建成后，将大大提升某市医疗服务等级水平和医养结合服务能力，提升项目所在地美丽乡村建设和旅游知名度，将突破带动某市智慧康养产业整体发展，成为某市新的经济增长点。

如何科学规划康养小镇

随着我国社会经济的快速发展和人们生活水平的日益提高，人们的健康意识逐渐增强，健康、快乐、舒适的生活已经成为人们的普遍追求。

在我国已经进入并将长期处于人口老龄化社会的背景下，养老问题受到政府和社会各界的高度重视。与此同时，健康已经上升到国家层面，中共中央、国务院印发的《"健康中国2030"规划纲要》把健康推向一个新的高度，与康养相关的政策频频出台，形成了国家对康养产业的顶层设计，为健康产业的发展提供了有力的支持。

在中央和地方特色小镇建设政策推动之下，国内一大批如文旅小镇、科技小镇、康养小镇、基金小镇、农业小镇等特色小镇纷纷涌现并蓬勃发展。经过近两年的大力推广，我国特色小镇建设初步效果明显。特色小镇不再是一个普通的经济学概念，而是一个集产业、文化、旅游和社区功能为一体的经济发展"引擎"。

作为特色小镇的一种重要类型，康养小镇是指以"健康"为小镇开发的出发点和归宿点，以康体疗养、养生度假主导产业为核心形成的关联城市建设、生态环境、民风民俗、科技信息、文化教育、社会安全等行业的综合产业小镇。康养小镇凭借先进医疗、生态环境、养生资源，将健康、养生、养老、休闲、文化、旅游等多元化功能融为一体，是人类精神文明和物质文明发展的集中体现。那么，要打造康养小镇，科学地规划就成为其中关键的环节。

一、明确康养小镇的模式

一般而言，我国康养小镇目前的模式主要有三类：天然资源引领的康养小镇，通过医疗服务导入的医疗健康小镇，产业科技驱动的健康科技小镇。

（一）天然资源引领的康养小镇

康养小镇是特色小镇中的一种独特类型，要求生产、生活、生态"三生融合"和产业、人文、旅游、社区功能"四位一体"，尤其是对生态环境有着严格的要求。因此，那些天然资源优良（比如生态好、自然环境优良）的地方，适宜打造康养小镇。

（二）通过医疗服务导入的医疗健康小镇

如前所述，我国正快速步入老龄化社会。对比其他人群，老年人在医疗健康方面的需求更复杂。在我国老年医疗健康市场供求严重失衡的背景下，综合医疗、康复、护理、养老各类服务，能为老年群体提供连续性健康服务的健康小镇存在巨大发展空间。因此，通过医疗服务导入成为建设康养小镇的一种重要类型。此类小镇的核心业务体现在医疗服务、康复护理和养老养生。正是因为以医疗服务为主，所以该种小镇类型对医疗品牌、品质和运营服务能力有较高的要求。

（三）产业科技驱动的健康科技小镇

在各类康养小镇的模式中，除了以天然资源和医疗服务为主外，还有一种依靠产业科技驱动的健康科技小镇。这种小镇的特点是当地具有较强的生命科学研发机构或大健康产业，而且毗邻较为优质的大学和科研资源，具有深厚的人才基础和产业基础，其核心产业是生物科技、医药研发、创投孵化、教育科研和医疗服务。

二、抓住康养小镇落地要点

（一）明确目标服务人群

康养小镇建成运营后，重点是为哪类人群服务？这是作为地方政府和社会资本首先要明确的问题。笼统地说，康养小镇的主要服务人群为养老养生群体。但这还不够，需要进一步明确目标对象、分析目标群体年龄结构、考虑大众整体性的差异化需求。这样，康养小镇才能在长期的运营中稳定、持续地发展。

传统观念认为，只有亚健康人群或老年人群才会成为养生旅游者。事实上，养生旅游消费主体的年龄范畴不再仅仅局限于中老年，而是扩展到老、中、青3个年龄层次。此外，随着健康理念潮流的普及，普通大众也逐渐加入到养生旅游的消费行列中。

下面，我们以某康养小镇为例来介绍目标服务人群的分类。某康养小镇对目标群体进行了如下分类。

1. 年龄分众

童年时期为人体成长的初期，一般情况下健康状况正常，无养生旅游需求。

少年时期为人体的生长发育时期，营养及运动锻炼必不可少，且普遍情况下青春期的心理健康值得关注。

青壮年一般已进入社会，是社会发展的新兴力量，对生活有着各种新奇的兴趣与需求，养生康体的需求主要表现在运动休闲的生活方式与文化体验方面。

中年人往往是社会发展的中坚力量，在现代社会中总是处于很忙碌的状态，因而有着寻找简单生活环境和轻松生活方式的养生需求，特别是城市中的上班族，更有着远离环境污染、寻找健康舒适的生活环境的需求。

老年人除了一般身体机能退化外，还或多或少患有一些慢性疾病，均有延年益寿的养生需求。

2. 性别分众

女性一般注重养生保健，特别是自身容貌等方面的保养。女性养生旅游消费者更为感性，一般较注重旅游服务的质量，需要的服务倾向于情感化，注重养生产品的实际效用。现代女性在长期紧张工作、喧嚣城市环境及繁杂家务劳动的影响下，造成生理、心理、精神上的疲劳，为解除身体、精神、心理压力，产生了度假、休养、观光等旅游动机，通过旅游满足个人成就和个人发展的需要。

男性与女性相比，性格特征更为理性，不易受外界的影响。男性的养生需求多为健体需求，其常见的养生方法多为运动休闲养生、商务养生等。

3. 收入阶层分众

由于在其他条件同等的情况下，旅游需求与人们可支配的收入和闲暇时间成正相关的变化。因此，对于低收入阶层来说，参与养生旅游的可能性较低。这一阶层的养生保健意识也较为薄弱，除非有特殊的医疗治病需求，一般不会选择养生旅游。

中高收入阶层是养生旅游消费者中的潜力人群。由于度假旅游属于高端消费的一种类型，养生度假要想吸引中高收入阶层，就需要开发出更有吸引力的消费产品，提供服务面更广的旅游服务。

高收入阶层是养生度假旅游产品的主要购买力群体，对养生旅游度假区的配套设施要求较高。此外，经营者也要注重养生度假旅游产品的差异性。

（二）提供全过程一体化医疗健康服务

医疗健康是康养小镇的核心产业之一，也是吸引目标对象的重要内容。从当前以及未来养老养生的发展趋势看，康养小镇应该提供可持续性的全过程医疗健康服务。从时间上看，医疗健康服务主要分为预防、诊疗和诊疗后期。

与普通的病患者不同，老年人群体对医疗健康的需求不仅限于治疗，还需要匹配治疗后的康复、护理、日常疗养以及临终关怀服务。因此，健康养老小镇需具备提供接续性医疗服务的能力，设置集预防、保健、医疗、康复、护理和养老于一体的机构设置，提供"预防、治疗、康复、养生"为一体的全过程医疗健康服务。

（三）可持续的商业模式

当下，我国特色小镇建设主要有以下几种商业模式。

一是土地一级开发[①]，这种商业模式为投资者只做小镇土地的一级开发，从中直接获得经济利益。此外，还可以通过补贴等方式享受土地升值所带来的收益。

二是二级房产开发[②]，这种模式包括六大类：居所地产、商铺型地产、客栈公寓型地产、周末型居所地产、度假型居所地产以及养老地产，通过二级房地产开发实现投资收益。

三是产业项目开发，这种模式主要包括两类：第一类是特色产业项目开发；第二类是旅游产业项目开发，投资者通过产业项目的开发实现投资收益。

---

① 一级开发是指由政府或其授权委托的企业对一定区域范围内的城市国有土地（毛地）或乡村集体土地（生地）进行统一的征地、拆迁、安置、补偿，并进行适当的市政配套设施建设，使该区域范围内的土地达到"三通一平"或"五通一平"或"七通一平"的建设条件（熟地），再对熟地进行有偿出让或转让的过程。

② 房地产二级市场是土地使用者经过开发建设，将新建成的房地产进行出售和出租的市场，一般指商品房首次进入流通领域进行交易而形成的市场。

四是产业链整合开发，这种模式主要包括两大产业链：第一类是特色产业链，第二类是泛旅游产业链。具体来说，一个小镇经过漫长的积淀之后，形成了某一个产业，政府部门和投资者需要围绕这个产业做文章，重点是做大核心产业，延伸产业链条，构建一个区域产业生态圈，在国内甚至在国际上都产生大的影响。

五是城镇建设开发，这种模式主要包括三大类：第一类是为小镇提供包括公共交通、供水、污水处理、垃圾处理等在内的市政服务；第二类是为小镇提供管理服务；第三类是为小镇提供配套服务，如学校、医院、养老机构、文化馆、体育馆等。

康养小镇在规划时需要设计好商业模式，重点是以医疗健康服务和养老产业为核心产业、以配套设施经营为辅助产业，借助专业的医疗健康和配套产业的运营方，打造核心的医疗健康服务和养老运营能力，实现康养小镇稳定、可持续地发展。

三、康养小镇科学规划

1. 康养小镇是特色小镇的一种重要类型，符合生产、生活、生态"三生融合"的原则。因此，康养小镇的规划中，一定要结合这个原则：以康养产业为核心，为养老养生群体提供个性化、品质化和定制化的服务。

2. 特色小镇产业、人文、旅游、社区功能"四位一体"，康养小镇在打造核心康养产业的同时，一定要融入文化、旅游和社区功能。需要重点指出的是，康养小镇的文化、旅游和社区功能与文旅小镇的功能有所不同：文旅小镇要求"小而特""小而优""小而美""小而精"，其利用悠久文化、优美环境、特色风情、风味美食和传统建筑对城市里的人们产生巨大的吸引力，主要体现在休闲、健身、养生、探险、摄影、画画、写作、亲子等各个方面，近年来兴起的城郊游、乡村游、山水游推动着文旅市场不断发展；而康养小镇的文化更加强调养老养生、文化修养、体育健康、休闲度假的氛围，更加注重身体健康和生活的品质。

3. 优良的生态环境是康养小镇建设的基础和前提。美丽乡村、田园、森林、湖泊和海滩都是康养小镇建设的优选之地。究其原因，是这里的山美、水美、森林美，安静、空气好，远离城市的喧嚣，对养老养生非常适合。因此，在康养小镇的规划方面，各类业态一定要融入自然生态环境。

下面，我们以某康养小镇（以下简称"本项目"）规划为例来介绍康养小镇如何融入自然生态环境。

本项目规划符合国家曲阜文化建设示范区"坚持高境界谋划、高标准建设，树立世界眼光，确立全国一流标准"的要求。项目规划建设有老年服务园区、医疗中心、康复中心、护理中心、养生中心、新型城镇化社区、现代高科技农业种植观赏园、休闲度假养老住宅区、生态休闲公园、国家森林公园和文化、教学科研及娱乐游乐设施。

本项目所在地的风景名胜资源包括生态养生旅游度假区、泉林泉群、安山景区、西侯幽谷景区。

本项目规划了白鹭、鸳鸯、喜鹊、野山鸡、野兔等野生动物保护观赏区以及财山、龟山、皇落山、绪子山、鸟岛、青界岛、生态湿地等自然景观观光项目。

第三章
PPP模式是康养小镇现实选择

本章导读

康养小镇采取 PPP 模式的必然性

康养小镇 PPP 面临的现实问题

康养小镇 PPP 亟待民间资本助力

康养小镇 PPP 重点问题解读

康养小镇 PPP 项目盈利模式

康养小镇采取 PPP 模式的必然性

"政府引导，企业主体，市场化运作"是特色小镇的理念。显然，通过市场化的运作，地方政府采取 PPP 模式与优质的社会资本合作是建设特色小镇的优选模式，康养小镇也不例外。社会资本参与康养小镇的规划、设计、投融资、建设、运营以及最后的移交，从而充分发挥市场化机制的作用。

一、康养小镇建设遭遇资金难

（一）康养小镇投资规模大

2016 年 7 月，住房城乡建设部等部委联合公布《关于开展特色小城镇培育工作的通知》（以下简称《通知》），提出在全国范围内开展特色小城镇培育工作，到 2020 年争取培育 1000 个左右各具特色、富有活力的特色小镇。随着《通知》的出台，各地迅速兴起大举兴建特色小镇的高潮。

调研发现，特色小镇建设具有投资规模大（主要涉及特色产业的挖掘和培育、基础设施和公共服务项目建设等）、运营时间长（虽然目前法律上没有明文规定，但属于永久性的产业平台和社区）等特点。比如，浙江省第一批36个创建对象，平均每个小镇投资10亿元；第二批42个创建对象，平均每个小镇投资9.4亿元。

就康养小镇而言，康养小镇是以康养产业为中心形成的与城市建设、生态环境、民风民俗、科技信息、文化教育、社会安全等行业相关联的综合产业小镇。因此，康养小镇涉及产业多，投资规模大。

调研发现，康养小镇投资规模大，通常在三五十亿元。目前，国内部分康养小镇的投资规模有的达到七八十亿元，总投资超过百亿元的康养小镇也不鲜见。

（二）政府财政压力大

"身体健康、心情愉快，生有所养、老有所乐"成为人们对幸福生活的基本诉求。随着我国社会经济快速发展，人们生活水平日益提高，一方面，人们居家养老的观念正逐步改变，对机构养老、生态养老的需求持续增长；另一方面，受计划生育政策的影响，相当一部分老年人群处于无法居家养老的困境。然而，单纯依靠公共财政无法满足老年人对养老服务的需求，养老机构的供给量缺口严重。

我国存在养老机构少、养老床位与老年人巨量需求不成比例的窘境。颇为尴尬的是，我国养老机构床位利用率呈越来越低的趋势。调研发现，之所以出现这种情况，与我国养老机构存在诸多问题密切相关：一是养老体系供给与老人真正的需求存在不对称，二是我国养老机构尤其是民办养老机构盈利微弱。虽然我国有巨大的养老市场，且养老产业的投资门槛不高，但由于产业政策、运营规划、商业模式不成熟等方面的原因，我国养老产业始终未能迎来爆发。

虽然特色小镇建设具有拉动地方经济增长、促进产业转型和升级、解决劳动力就业等诸多优点，各级地方政府对建设特色小镇兴趣也非常浓厚，但特色小镇建设首先要解决的是资金问题。特色小镇建设动辄数十亿的投资，对一些财政比较薄弱的地区尤其是中西部地区而言，显然并不现实。不仅如此，随着2014年10月《国务院关于加强地方政府性债务管理的意见》（国发〔2014〕43号）的发布，对地方债务开启了严监管模式，使地方政府融资能力大幅受限。

多方因素之下，政府债务压力大。也就是说，在特色小镇建设上，地方政府面临着诸多困难，其中最大的难题便是政府财政压力大，没有足够的资金投资建设。因此，拥有充足、持续且稳定的资金来源是保障包括康养小镇在内的特色小镇健康发展的前提和保障。更进一步说，当前我国要大力建设特色小镇，亟待实现特色小镇建设投资主体的多元化，应建立以地方政府为引导、社会资本广泛参与的投融资模式。

二、PPP模式是解决康养小镇资金难的重要方式

康养小镇建设强调"产业、人文、旅游、社区"等各种要素的整合，因此需要大量的资金、技术和宏观策划能力、管控能力和运营能力。而在PPP模式下，社会资本拥有雄厚的资金、先进的技术和丰富的管理经验。很显然，康养小镇采取PPP模式，能够综合使用财政资金和社会资本，以解决政府基础设施建设和社会公用事业资金不足的问题，从而化解政府债务风险，缓解政府的财政压力。从康养小镇建设的角度而言，PPP模式应用于康养小镇具有可行性和必要性。

三、康养小镇引入PPP模式的作用

（一）提高康养小镇项目的质量和效益

对于PPP，财政部给出的定义是政府与社会资本为提供公共产

品或服务而建立的全过程合作关系，PPP 以"利益共享，风险共担"为特征，通过引入市场竞争和激励约束机制，发挥双方优势，提高公共产品或服务的质量和供给效率。进一步而言，国家之所以大力推广 PPP 模式，除缓解政府财政压力外，还有一个重要的目的即通过充分发挥社会资本在资金、技术和管理方面的优势来提升公共服务供给的质量和效益。具体来说，PPP 模式下，政府的职责主要是对项目进行行政监督，让社会资本真正"当主体、唱主角"，即"让专业的人做专业的事"。这对加快政府职能转变，有效提高公共服务产品的供给效率和质量具有重要作用。研究表明，与传统的投融资模式相比，采取 PPP 模式操作的项目平均可为政府部门节约 17% 的费用，并且建设工期都能按时完成。

相关专家研究认为，在康养小镇中引入 PPP 模式，建立一种基于市场化的合作机制，在地方政府、社会资本（包括产业资本和金融资本）之间形成一种伙伴式的关系，整合合作各方的资源，发挥合作各方的优势和长处，从而更加科学、规范地促进康养小镇的建设。

（二）降低康养小镇建设和运营风险

总体来看，PPP 项目不仅有建设期风险，还包括长达二三十年的运营期风险，其风险范围覆盖了项目的洽谈、立项、设计、融资、建设、运营、养护、维修、移交等各个环节，且各个环节风险均不一样。可以说，PPP 项目的风险贯穿 PPP 项目的全生命周期。

通过 PPP 模式，社会资本在提高康养小镇建设效率的同时，还可以利用自身的优势降低项目的建设和运营风险，主要表现在社会资本凭借其较强的综合实力和较强的风险控制能力，从而提高康养小镇建设过程中的整体风险控制能力。具体在项目的风险分配上，财政部《关于印发政府和社会资本合作模式操作指南（试行）的通知》（财金〔2014〕113 号）做了规定：按照风险分配优化、风险收益对等和风险可控等原则，综合考虑政府风险管理能力、项目回报机制和市场风险管理能力等要素，在政府和社会资本间合理分配项目风险。原则上，项目设计、建造、财务和运营维护等商业风险由社会资本承担，法律、政策和最低需求等风险由政府承担，不可抗力等风险由政府和社会资本合理共担。

调研发现，目前，从地方政府到社会资本都对康养小镇PPP项目充满期待：对地方政府而言，康养小镇项目在缓解政府财政压力、拉动经济增长、解决劳动力就业、促进产业结构调整和升级的同时，还能够重点解决居民健康和养生问题；对社会资本而言，在国家和地方大力推广、支持特色小镇和PPP的大背景下，投资康养小镇PPP，无疑是抓住了国家大政策和经济社会发展的大趋势，只要抓住机遇，将挖掘到又一座行业"大金矿"。

四、政策引导康养项目采取PPP模式

近几年来，我国频频出台政策以引导各类资本进入健康养老产业。健康养老服务开始向运营主体多样化发展。当前，地方PPP项目主要集中在轨道交通、养老、医疗、供水、供暖、供气、市政建设、生态环境治理、网管改造等行业。

根据国务院办公厅转发的财政部、发展改革委、人民银行《关于在公共服务领域推广政府和社会资本合作模式的指导意见》（国办发〔2015〕42号），PPP共包括能源、交通运输、水利建设、生态建设和环境保护、市政工程、片区开发、农业、林业、科技、保障性安居工程、旅游、医疗卫生、养老、教育、文化、体育、社会保障、政府基础设施和其他等19个行业。"各级财政部门要重点关注城市基础设施及公共服务领域，如城市供水、供暖、供气、污水和垃圾处理、保障性安居工程、地下综合管廊、轨道交通、医疗和养老服务设施等，优先选择收费定价机制透明、有稳定现金流的项目"。

康养小镇 PPP 面临的现实问题

从 2015 年起，在中央和地方政府的大力推广下，特色小镇建设在全国迅速展开。2016 年 7 月，住房城乡建设部、国家发展改革委、财政部三部委联合颁布《关于开展特色小镇培育工作的通知》(建村〔2016〕147 号)，明确提出：到 2020 年，要在全国培育 1000 个特色小镇。

在特色小镇大力推广的背景下，康养小镇以其独特的产业特色和解决民生的特色受到地方政府、社会资本和社会公众的青睐。与此同时，中央和地方正大力推广 PPP。然而，从实践情况来看，我国康养小镇 PPP 还面临着诸多现实问题。

毋庸置疑，当前我国地方政府和社会资本对康养小镇都充满期待，康养小镇 PPP 蓄势待发。然而，不可否认的是，在全国兴起的特色小镇建设高潮中，康养小镇 PPP 还面临着不少发展的困难，甚至还有不少乱象亟待解决。

一、康养小镇还处于起步阶段

近两年,我国从中央到地方开始大力推广特色小镇,"特色小镇"一时成为新的经济名词。实际上,"特色小镇"是一个舶来品,国外早已有之,例如法国的格拉斯香水小镇、瑞士的达沃斯小镇、英国的温莎小镇、美国的格林威治对冲基金小镇……这些享誉世界的特色小镇产业富有特色,文化独具韵味,历史悠久绵长,自然环境优美,生态充满魅力。进一步而言,这些世界著名的特色小镇不仅为小镇所在地带来了巨大的经济利益(产业、旅游、餐饮、住宿、品牌等),而且还大大提高了所在国的影响力,可谓"名利双收"。当然,这也是发达国家大力发展特色小镇及世界其他国家争相效仿的重要原因。

反观我国的特色小镇,与国外知名的特色小镇相比,还存在着较为明显的差距。一是从培育时间和经验上来看,我国发展特色小镇的时间不长,经验不够丰富,而特色小镇在国外已经发展了数百年,具有悠久的历史,经过长期的探索和实践,已经积累了非常成功的经验。以法国香水小镇——格拉斯小镇为例,现代香水发端于16世纪的法国格拉斯,这里是世界上最著名的香水原料供应地,因此,格拉斯又称法国香水小镇[①]。格拉斯小镇人口不到4万人,香水工厂却超过30家。格拉斯小镇围绕香水发展了一系列的鲜花产业链,比如设置国际香水博物馆、香水实验室、香水实验工厂、普罗旺斯艺术历史博物馆、香水学校、花田等,从而吸引全球每年数十万的爱香及旅游人士。数据显示,法国是世界第一香水出口大国,占全世

[①] 公开资料显示,格拉斯小镇位于法国东南部普罗旺斯-阿尔卑斯-蓝色海岸大区滨海阿尔卑斯省,是一座环境优美清幽、气候温和湿润、街道交错狭窄的中世纪小城。地中海得天独厚的自然环境使得这里成为花草优生地带,再加上地区人文和产业偏好,小镇重点产业逐渐偏向花卉种植业及香水工业。

界香水出口量的38%，而格拉斯则是法国香水的第一产地：全法国80%的香水在这里生产。二是从对特色小镇的认识上来看，我国还缺乏对特色小镇产业、文化、基因等核心元素的深入理解。发达国家经过长期的探索，对特色小镇的精髓把握更深，对特色小镇的核心元素理解更透，可以说是积淀了成百上千年的历史底蕴。

作为特色小镇诸多类型中的一种重要类型，我国的康养小镇也正处于起步阶段，无论是数量，还是投资规模，康养小镇占特色小镇的比例并不高。换句话说，虽然康养小镇发展前景广阔，可目前康养小镇在我国还处于起步阶段，可复制、推广的康养小镇PPP项目还不多，社会资本还是较为谨慎。

笔者认为，与其他类型的特色小镇相比，康养小镇有其自身的特点，比如社会需求大、社会群体窄、成功的可以复制的案例少，还有一个关键的问题是：真正能够投资、建设和运营康养小镇的有实力的产业资本和金融资本还不多。

调研发现，当前，我国特色小镇各类型中以文旅小镇为主。随着我国社会经济的快速发展和人民生活水平的不断提高，旅游正成为越来越多的人的生活方式之一。目前，我国已经形成40亿人次的国内旅游市场，入出境市场超过2.5亿人次。根据国际旅游规律，当人均GDP达到5000美元时，就会步入成熟的度假旅游经济。以2015年为例，当年我国人均GDP约8016美元，而人均出游才2.98次，与发达国家高达8次以上的数据相比有很大的差距，未来的旅游市场相当广阔。梳理发现，在我国第一批127个特色小镇中，主要集中在旅游发展小镇、历史文化小镇等几种类型。其中，旅游类特色小镇一共64个，占了总数的一半以上；历史文化类特色小镇一共23个，占了总数的18%。旅游类和历史文化类特色小镇一共87个，占了总数的69%。

二、康养小镇的门槛很高

康养小镇是特色小镇的一种类型，其主导产业以健康、养老、养生为主。康养小镇首先是一种特色小镇，与普通的养生养老项目有着本质的区别：前者是一种区域经济综合体，后者则是单体项目，是一种为城镇、农村老年人群服务的配套设施（严格来说，养生养老项目与城市供水、供暖、供气、污水处理、垃圾处理等城市配套功能一样，都是城市运营不可分割的一部分）。即使与一般的商业综合体、房地产开发相比，康养小镇所需要的创新要素集合、创新难度和创新强度都要更强。

具体来说，康养小镇必须具备特色小镇的核心元素：生产、生活、生态"三生融合"和产业、人文、旅游、社区"四位一体"。如上所述，康养小镇投资规模大，通常在三五十亿元，目前国内部分康养小镇的投资规模有的达到七八十亿，总投资超过百亿元的康养小镇也不鲜见，这远非单体的养生养老项目所能比。以我国特色小镇的发轫地浙江省为例，统计监测数据显示，2016年前三季度，130个省级特色小镇创建和培育对象完成固定资产投资（不包括住宅和商业综合体项目）1101.1亿元[①]。此外，康养小镇必须具有先进的医疗养老设施，自然生态环境优美、各种配套服务健全、交通方便等。

总之，康养小镇的门槛很高，并非"想建设就建设""想打造就打造"，对有意愿进入康养小镇PPP项目的社会资本而言，没有雄厚

[①] 第一批36个创建对象，投资371.0亿元，平均每个小镇10亿元。第二批42个创建对象，投资395.7亿元，平均每个小镇9.4亿元；52个培育对象投资334.5亿元，平均每个小镇6.4亿元，创建对象的投资力度明显大于培育对象。所有省级特色小镇创建和培育对象中，梅山海洋金融小镇固定资产投资额近25亿元，而临安云制造小镇、桐乡毛衫时尚小镇、义乌丝路金融小镇、路桥沃尔沃小镇、宁海智能汽车小镇、金华新能源汽车小镇、萧山机器人小镇等固定资产投资额都超过15亿元以上。

的资金基础、扎实的康养行业背景、科学的管理措施，是很难进入康养小镇 PPP 领域的。

三、建设运营周期长

专业人士指出，一个真正的特色小镇，从规划到投资、融资、建设、运营，再到基本的功能完备，最起码需要 20 年以上的时间。比如在特色小镇方面开风气之先的浙江省，其很多特色小镇的开发就持续了一二十年甚至更久的时间，尤其是一些产业类的小镇，更是有着很深的产业基础和文化底蕴，这与浙江省多年来大力发展民营经济有着密不可分的关系。

"罗马不是一天建成的"，特色小镇也不是三五年就能建成的，康养小镇亦如此。因此，对有意愿投资、建设和运营康养小镇 PPP 项目的社会资本而言，其需要做好长期的准备：建设期长（远比单体 PPP 项目要长）、运营期长（合作期普遍在 10 年到 30 年）。

康养小镇 PPP 亟待民间资本助力

有关专家分析指出：我国现阶段养老产业的市场条件不成熟，投资风险大。综合国内外养老产业发展的经验，养老产业的发展可以分为三个阶段。

第一阶段对应老龄化初期，养老服务机构的运营主体为政府，提供较低水平的基本养老服务。

第二阶段对应老龄化中期，老龄人口逐步增长，但养老产业的市场化基础仍比较薄弱，这一阶段养老服务机构的需求增长很快，政府无法独立承担，因此需要引入社会资本共同建设和运营养老服务机构，而政府为了保障社会资本的合理盈利要求，通常会给予一定的支持。

第三阶段对应老龄化后期，老龄人口快速增长，养老产业的市场化基础逐步增强，这一阶段养老需求快速增长，政府除提供部分公益性质的养老服务外，大部分的养老服务需求由社会资本来提供。

我国养老产业发展目前处在第二个阶段初期，市场条件不成熟，投资风险大。养老产业投资需要政府扶持，养老产业投资应积极引入社会资本。

众所周知，PPP 是政府与社会资本之间基于基础设施和公用事业项目的合作，其中社会资本主要有央企、地方国企、民企、外资和混合所有制企业。国家大力推广 PPP 的初衷是鼓励各类社会资本尤其是民间资本进入基础设施和社会公共事业领域。

根据《国务院关于加快发展养老服务业的若干意见》（国发〔2013〕35 号）的精神，为了充分发挥市场在资源配置中的决定性作用和更好地发挥政府作用，逐步使社会力量成为发展养老服务业的主体。2015 年 2 月，民政部、国家发展改革委、教育部等 10 部委联合发布《关于鼓励民间资本参与养老服务业发展的实施意见》，提出鼓励民间资本参与居家和社区养老服务、机构养老服务、养老产业发展的具体举措，并就推进医养融合发展、完善投融资政策、落实税费优惠政策、加强人才保障、保障用地需求等做出了相关规定和政策优惠。加强社会力量在养老产业的中坚力量，为我国未来养老产业的完善发展奠定了坚实的基础。

一、民间资本参与 PPP 情况不容乐观

近几年来，在国家和地方一系列 PPP 政策鼓励与支持下，我国 PPP 推广呈风起云涌之势。然而，在众多的 PPP 项目中，以民营企业作为社会资本主体参与 PPP 项目的比例却并不高。民间资本对于 PPP 项目呈现兴趣不大、热情不高、参与力度不强等特点[①]，而在康

---

① 全国工商联发布的报告显示，2014 年，通过 PPP 等方式进入公共服务及基础设施建设与运营领域的民营企业 500 强共有 58 家，占比 11.6%，有意向进入的企业有 136 家，占比 27.2%。据行业人士估计，目前全国开展的 PPP 项目中，只有不到 5% 的"社会资本"来自名副其实的民营企业。2018 年 3 月，全国工商联提交了一份名为《关于进一步鼓励民营企业参与 PPP 项目的建议》的提案。提案认为，民营资本在 PPP 领域的市场份额自 2015 年底以来都呈现出持续下降态势。

养小镇投资建设领域也同样具有这样的特点。

二、民间资本参与 PPP 面临的挑战

调研发现，本轮 PPP 大潮中，央企无疑是"主角"。比如 2016 年全年，我国 PPP 中标额排名前五的央企累计中标总额近万亿元，而 2017 年全年中标额排在前 5 名的央企累计中标额竟高达 2.5 万亿元。据基建通大数据的不完全统计，中建 2017 年 PPP 项目累计中标总额约八千亿元，对比 2016 全年斩获 PPP 项目的 3555 亿元，足足翻了一倍有余。2017 年 PPP 项目，紧随中建其后的是中国交建、中国铁建，两者都在 5200 亿元左右。中国交建、中国铁建 2016 年的 PPP 中标总额分别为 1555 亿元、1500 亿元，都翻了三倍的中标量也是相当惊人。中国中铁 2017 年全年新签合同额 15568 亿元，新签基础设施投资项目（PPP、BOT 等）3711 亿元，中国中冶以 2900 亿元的 PPP 项目累计中标总额上升到了第五名。

与央企、国企中的巨无霸企业相比，民间资本存在"先天不足"。一是 PPP 项目投资规模大，动辄数十亿元甚至上百亿元，一般的民间资本没有资金实力参与。二是融资难度大，由于 PPP 项目投资规模大，民间资本需要融资支持，但相比对央企、国企，部分金融机构对民企资信要求更高。不仅如此，在融资成本上，民间资本也更高，这直接导致民间资本在回报率方面处于劣势。三是风险因素多，如政府信用风险、法律政策变化风险、融资风险等。实践中有业内人士表示，"在大型基础设施项目中，民企真的是没有优势，无论是从业绩、队伍比，还是从资金、兜底能力上比，民企都比不上国企、央企。"

调研发现，在 PPP 项目市场准入方面，部分地方政府对民间资本设置要求过高。对此，财政部相关负责人表示，目前 PPP 项目中已经出现了比较明显的国有企业对民间资本的"挤出效应"。民间资

本之所以对PPP参与度不够，不是不想参与（此前权威部门和机构通过对我国民营企业家尤其是东部民营企业家的调研显示，相当多的民间资本对本轮PPP抱有很大的期待，希望在经济增长放缓、国家大力推广PPP的背景下参与到PPP的建设热潮中去），而是不能参与，无法参与，很大程度上归因于PPP法律法规不健全、各类风险因素大等诸多挑战，用形象的说法就是民间资本面临"三道门"的阻碍，即"玻璃门""弹簧门""旋转门"。具体来说，"玻璃门"指虽然有针对民间资本进入PPP的新政策，民间资本"看得见"却"进不去"，犹如隔了一层玻璃门。"弹簧门"指民间资本刚刚涉足PPP领域又被一些市场准入和进入门槛等"硬性政策"弹出。"旋转门"指民间资本与其他资本在PPP制度和规则面前看似平等，比如项目招标表面上一视同仁，实则设定某些条款将民间资本挡在门外，也就是"转着转着就转出门外了"。

党的十八届三中全会提出，要使市场在资源配置中起决定性作用和更好发挥政府作用。即便在一些公共服务领域，也可以依靠市场力量解决。通过PPP模式提供公共服务，不仅可以破除各种行政垄断，打破"玻璃门、弹簧门、旋转门"，激发市场主体活力，还可以"借市场之力"，引入民间资本参与投资公共服务，将政府在战略制定方面的优势与社会资本在管理效率、技术创新方面的优势结合起来，提高公共服务质量和效率，增加人民福祉。

三、康养小镇PPP项目亟待民间资本助力

虽然面临这样、那样的不足与困难，但与央企、国企、外资相比，民间资本参与PPP项目也并非完全"落下风"，在推进PPP项目的洽谈、建设、运营和维护等环节也有其自身的优势。

事实上，康养小镇投资规模大，完全依赖央企、国企、外资等企业并不现实。改革开放以来，经过数十年的快速发展，我国诞生

了一大批优秀的民营企业。这些企业，无论在资金实力、技术实力，还是管理能力方面，都不逊色于央企、国企、外资。在这些优秀的民企中，不乏健康产业、养老产业类的知名公司，有的甚至是国际化的大公司。很显然，如果康养小镇PPP项目民间资本"打开门"，引进民间资本进入康养小镇领域，将对我国建设康养小镇大有裨益。媒体报道称，浙江台州加快特色小镇建设，在固定资产投资中，民间投资成为特色小镇的建设主力。2016年上半年，台州市全市8个省级特色小镇完成固定资产投资36.49亿元，其中民间投资25.6亿元，占固定资产投资比重的70.1%；国有投资10.89亿元，占固定资产投资比重为29.9%。

四、促进民间资本参与PPP

国家大力推广PPP的本义是鼓励社会资本尤其是民间资本进入基础设施和社会公共事业领域，如何促进民间资本参与PPP成为亟待解决的问题。

2017年11月，国家发展改革委发布《关于鼓励民间资本参与政府和社会资本合作（PPP）项目的指导意见》（以下简称《指导意见》），再次明确了国家鼓励民间资本参与PPP。《指导意见》指出：创造民间资本参与PPP项目的良好环境，不断加大基础设施领域开放力度，除国家法律法规明确禁止准入的行业和领域外，一律向民间资本开放，不得以任何名义、任何形式限制民间资本参与PPP项目。《指导意见》还指出：应加大民间资本PPP项目融资支持力度，鼓励政府投资通过资本金注入、投资补助、贷款贴息等方式支持民间资本PPP项目，鼓励各级政府出资的PPP基金投资民间资本PPP项目。鼓励各类金融机构发挥专业优势，大力开展PPP项目金融产品创新，支持开展基于项目本身现金流的有限追索融资，有针对性地为民间资本PPP项目提供优质金融服务。积极推进符合条件的民间资本 PPP 项目发行债券，开展资产证券化，拓宽项目融资渠道。按照统一标准对参与 PPP 项目的民营企业等各类社会资本方进行信用评级，引导金融市场和金融机构根据评级结果等加大对民营企业的融资支持力度。此外，建立健全 PPP 项目守信践诺机制，准确记录并客观评价政府方和民营企业在 PPP 项目实施过程中的履约情况。政府方要严格履行各项约定义务，做出履约守信表率，坚决杜绝"新官不理旧账"现象。此外，各地方政府也积极出台政策促进民间资本参与 PPP 项目。为提高民间投资参与 PPP 项目的积极性，四川省出台《四川省政府与社会资本合作项目推进办法》，构建 PPP 项目全生命周期管理制度体系和项目推进长效机制。福建省专门举办 PPP 项目民营企业专场对接会，为民间资本参与 PPP "搭台唱戏"。福建省财政厅负责人表示，在探索和推广运用 PPP 模式过程中，福建省将进一步强调重诺履约的契约精神，构建民间资本平等参与、平等协商的合作基础。福建省将持续加强项目策划、完善行业标准，促进 PPP 项目科学决策、规范运作，让民间资本能参与、敢参与、愿参与。

康养小镇 PPP 重点问题解读

一边是国家大力推广的 PPP 模式,一边是从中央到地方都在大力推动的康养小镇。在此经济背景下,各地方政府和社会资本开始携手合作,双方以 PPP 模式积极建设康养小镇。

一、康养小镇 PPP 项目合作主体

政府和各类社会资本就康养小镇建设与运营开展广泛合作,合作双方的主体是指地方政府、社会资本。康养小镇 PPP 项目合作主体之一是地方政府,实践中主要是政府或者政府授权的机构,比如地方政府财政部门、住房城乡建设部门、水务部门、环保部门等。康养小镇 PPP 项目合作主体另一方是社会资本。按照社会资本企业性质分,主要是央企、国企、民企、外企、混合所有制企业以及其他各类投融资主体。按照社会资本的行业分,主要是产业资本和金融资本,其中产业资本主要

是医疗、养老类的社会资本，而金融资本主要是银行、基金、信托、证券、保险等。

二、康养小镇PPP项目资金来源

对于康养小镇建设和运营而言，首先需要明确的是资金来源，即由政府出资还是由社会资本出资？很显然，当下完全依靠地方政府投资建设康养小镇并不现实，康养小镇建设资金应以社会资本为主体。

实际上，无论是从国家政策还是地方政府政策来看，均已经明确特色小镇的建设资金应以社会资本为主体，而政府的主要职能是为特色小镇建设提供规划引导和审批服务等方面的服务，并出台优惠政策最大程度上提高社会资本参与特色小镇建设的积极性。作为特色小镇中的一种重要类型，康养小镇建设资金当然应该以社会资本为主体。

三、康养小镇PPP项目合作对象

PPP模式适用于基础设施建设和公共服务项目建设。因此，就康养小镇PPP项目而言，项目合作对象主要是小镇范围的基础设施建设（道路、供水、供电、供暖、供气、污水处理、垃圾处理等）和公共服务设施建设（图书馆、文化中心、幼儿园、中小学等）以及康养小镇建成后的运营及日常管理。按照住房城乡建设部等部委联合发布的《关于开展特色小镇培育工作的通知》精神，要求建设便捷完善的设施服务，基础设施完善，自来水符合卫生标准，生活污水全面收集并达标排放，垃圾无害化处理，道路交通停车设施完善便捷，绿化覆盖率较高，防洪、排涝、消防等各类防灾设施符合标准。公共服务设施完善、服务质量较高，教育、医疗、文化、商业等服务覆盖农村地区。

四、康养小镇 PPP 项目回报机制

2014 年 9 月，财政部发布《关于推广运用政府和社会资本合作模式有关问题的通知》，文件明确了政府和社会资本合作模式是在基础设施及公共服务领域建立的一种长期合作关系。通常模式是由社会资本承担设计、建设、运营、维护基础设施的大部分工作，并通过"使用者付费"及必要的"政府付费"获得合理投资回报；政府部门负责基础设施及公共服务价格和质量监管，以保证公共利益最大化。

2014 年 12 月，国家发展改革委发布《关于开展政府和社会资本合作的指导意见》，界定了 3 种项目的操作模式选择。

第一种是经营性项目。对于具有明确的收费基础，并且经营收费能够完全覆盖投资成本的项目，可通过政府授予特许经营权，采用建设—运营—移交（BOT）、建设—拥有—运营—移交（BOOT）等模式推进。

第二种是准经营性项目。对于经营收费不足以覆盖投资成本、需政府补贴部分资金或资源的项目，可通过政府授予特许经营权附加部分补贴或直接投资参股等措施，采用建设—运营—移交（BOT）、建设—拥有—运营（BOO）等模式推进。

第三种是非经营性项目。对于缺乏"使用者付费"基础、主要依靠"政府付费"回收投资成本的项目，可通过政府购买服务，采用建设—拥有—运营（BOO）、委托运营等市场化模式推进。

可以明确的是，PPP 项目回报机制主要有 3 种：一种是供水、供电、供暖、供气等完全市场化的经营性项目，完全依靠使用者付费；一种是污水处理、垃圾处理等准经营性的项目，使用者付费不足，需要依靠政府提供补贴，以弥补社会资本或 PPP 项目公司收入的不足；一种是河道治理、公园等没有收入或收入很低，完全依靠政府付费的公益性项目。就康养小镇 PPP 项目而言，政府与社会资本在

合作过程中，同样也适用于这3种主要的回报机制。需要重点指出的是：作为社会资本，在投资康养小镇PPP项目实现自身经济利益的同时，也必须兼顾社会效益，即需要在投资收益和社会效益方面做出平衡。换句话说，社会资本在获得一定利益回报的同时，还需要在最大程度上创造社会效益。

2016年5月，财政部和国家发展改革委联合发布的《关于进一步共同做好政府和社会资本合作（PPP）有关工作的通知》（财金[2016]32号，以下简称《通知》）提出稳妥有序推进PPP工作、着力提高PPP项目融资效率等七项措施来提高PPP项目融资效率，切实推动PPP模式持续健康发展。七大举措之一即是"建立完善合理的投资回报机制"。《通知》指出，建立完善合理的投资回报机制，各地要通过合理确定价格和收费标准、运营年限，确保政府补贴适度，防范中长期财政风险。要通过适当的资源配置、合适的融资模式等，降低融资成本，提高资金使用效率。要充分挖掘PPP项目后续运营的商业价值，鼓励社会资本创新管理模式、提高运营效率、降低项目成本、提高项目收益。要建立动态可调整的投资回报机制，根据条件、环境等变化及时调整完善，防范政府过度让利。

五、科学的激励机制

康养小镇PPP项目中，项目盈利普遍不高。通常情况下，为吸引社会资本积极参与康养小镇PPP项目，政府可以提供各种支持，如前期费用补贴、可行性缺口补贴等财政补贴以及给予税收优惠等。此外，在金融方面可对PPP项目给予政策性支持。2015年3月，国家发展改革委联合国家开发银行印发《关于推进开发性金融支持政府和社会资本合作有关工作的通知》，要求发挥开发性金融积极作用，推进PPP项目顺利实施。开发银行在监管政策允许范围内，给予 PPP 项目差异化信贷政策：一是加强信贷规模的统筹调配，优先保障 PPP 项目的融资需求；二是对符合条件的 PPP 项目，贷款期限最长可达 30 年，贷款利率可适当优惠；三是建立绿色通道，加快 PPP 项目贷款审批。

康养小镇 PPP 项目盈利模式

包括央企、国企、外资、民企以及混合所有制在内的各类社会资本投资建设康养小镇，除规避投资风险之外，最为关心的便是投资回报的问题，即如何回报以及回报多少的问题。那么，作为特色小镇中一种较为特殊的类型，康养小镇一般有哪些盈利模式呢？

一、经营性收入

（一）主导产业收入

康养小镇在建成后，围绕自身的主导产业（健康产业、养老和养生产业）进行经营性活动，这是康养小镇最重要的收入来源，也是保障康养小镇能够持续、健康发展的重要资金来源。具体来说，康养小镇的经营性收入来源包括医疗健康服务、生态养老服务、健康养生服务、酒店餐饮服务、文化旅游服务以及健康养老产业链上的相关产业。

以某项目为例。根据收费标准及预测入住率测算，项目特许经营期内，使用者付费总额约8.5亿元。其中，三类康养床位复合式营运合作期内共计7.4亿元的床位收入和1.1亿元的医疗护理收入。

根据某市居民消费水平及价格承受能力，设定该项目2019年各项服务基准收费标准（参见收费标准与入住率设定表），考虑收费标准自2019年起每五年动态调整一次，调整幅度为每次上浮10%。其中，养老床位的基准价格为2200元/月，残疾人床位的基准价格为1600元/月，儿童床位1400元/月。项目计划合作期第3年（2019年）建成投入使用，预计用10年时间即第12年（2028年）达到100%的入住规模（项目入住率设定参见收费标准与入住率设定表）。

该项目收费标准与入住率设定见图3-1。

养老康复中心服务费标准：
- 养老床位：2200元/月 —— 1500张床位
- 残疾人床位：1600元/月 —— 92张床位
- 儿童床位：1400元/月 —— 120张床位

合计1712张床位

年份	2019年	2020年	2021年	2022年	2023年	2024年	2025年	2026年	2027年	2028年
入住率	30%	38%	47%	54%	62%	71%	78%	86%	95%	100%

年份	2029年	2030年	2031年	2032年	2033年	2034年	2035年	2036年		
入住率	100%	100%	100%	100%	100%	100%	100%	100%		

图3-1 收费标准与入住率设定

在康养小镇收费项目中，医疗康复是重要的一项：康养小镇通过建立专业的康复医院，为本地区客户以及国内外的游客提供专业的医疗康复服务。以红枫谷康养小镇为例，据介绍：该项目在红枫谷康养中心建立医疗、保健、体检、健康管理、养生等系统养生服务体系，为游客提供特色疾病治疗、慢病康复、旅居养老、月子中心、不孕不育中心、疗养中心、养生中心、国际医疗中心等服务，链接湘西州区域内有影响景区，为湘西大生态公园提供线上线下"全域康养"服务。在红枫谷康养小镇建设具有湘西中医民族特色的养生度假酒店，康复医院、养生别墅、养生公寓，满足不同游客住的需求，系统开发土家医阴阳水疗法养生项目，将土家医、苗医养生项目融入阴阳水疗其中，为休闲度假游客提供独特中医药民族医药康养服务。

（二）产业导入收入

康养小镇在建设和运营过程中，一个重要的功能是产业导入，以丰富康养小镇的业态和功能。康养小镇的产业导入包括产业本身（健康产业园[①]、养老中心等）、产业服务（康养产业+会议、康养产业+文化旅游、康养产业+休闲娱乐等）。

（三）门票收入

许多康养小镇建设在旅游风景区内，大多有森林、温泉等自然资源。康养小镇在获得康养产业收入的同时，还可以通过旅游景区门票、旅游项目收费。

（四）其他服务性收入

其他服务性收入主要包括餐饮收入、住宿收入、演艺收入以及其他消费收入等。

二、基础设施建设收入

基建收益包括两大块：一块是土地整理收益，一块是公共基础

[①] 比如利用康养项目所在地优美的自然生态环境和居民需求，培育、种植、研发、加工中草药，建设中草药观光产业园，带动中草药观赏和旅游产业的发展。

设施的工程建设收益。

实践中，有的社会资本受政府委托对小镇范围内的土地进行统一的征地、拆迁、安置、补偿，并进行适当的市政配套设施建设，变生地为熟地后，通过政府回购获得收益。此外，PPP 模式主要涉及基础设施建设和公共服务项目。社会资本投资建设康养小镇的过程中，还可以通过 PPP 模式投资建设道路、供水、供电、供暖、供气、水处理等项目，通过康养小镇基础设施建设，社会资本获得工程建设收益。

三、地产销售收入

地产销售是目前我国康养小镇重要的盈利模式。从之前的特色小镇建设来看，部分地区出现房地产化的倾向，这引起了国家的重视和行业主管部门的警惕。2017 年 12 月，国家发展改革委等 4 部委联合发布《关于规范推进特色小镇和特色小城镇建设的若干意见》，指出：坚持产业建镇，"立足各地区要素禀赋和比较优势，挖掘最有基础、最具潜力、最能成长的特色产业，做精做强主导特色产业，打造具有核心竞争力和可持续发展特征的独特产业生态，防止千镇一面和房地产化……严控房地产化倾向，各地区要综合考虑特色小镇和小城镇吸纳就业和常住人口规模，从严控制房地产开发，合理确定住宅用地比例，并结合所在市县商品住房库存消化周期确定供应时序。适度提高产业及商业用地比例，鼓励优先发展产业。科学论证企业创建特色小镇规划，对产业内容、盈利模式和后期运营方案进行重点把关，防范'假小镇真地产'项目。"

需要指出的是，国家禁止以特色小镇的名义搞房地产，并不是特色小镇建设中不能有房地产的成分。事实上，作为一个集康养产业、人文旅游、社区等多功能于一体的综合体，康养小镇一个重要的作用是拉动地方经济增长、解决劳动力就业。与此同时，大量居民、旅游人群对居住、医疗、养老等服务有大量需求。因此，康养小镇主要建设内容会涉及地产，提供包括居住配套、商业配套、医疗配套、养老配套、休闲娱乐配套等在内的功能。具体主要包括六大内容：一是居所地产，二是商铺型地产，三是客栈公寓型地产，四是周末居所地产，五是度假居所地产，六是养老地产。

地产开发是社会资本尤其是房地产类社会资本进入康养小镇的原动力。通过适度的地产开发用地和产业用地的配比，融入房地产的概念，包括养老、度假、别墅等，社会资本可以通过销售、出租等方式回笼部分资金，即以短平快的地产收益平衡见效慢的产业开发支出，以降低整个项目的投资风险，从而提高社会资本参与康养小镇PPP项目的积极性。

四、政策性资金

康养小镇在开发过程中，如果涉及旧城改造、旧工业区，政府往往有一定的政策性资金补贴和土地优惠政策，这将大大降低社会资本的前期投入成本。除以PPP模式操作特色小镇基础设施建设和公共服务项目，社会资本在导入产业落地小镇时，政府往往有相应的招商奖励补贴。

五、资本运作收入

资本运作模式相比产业收入、门票模式、综合服务收入等更为复杂，主要用于社会资本通过对康养小镇资本运作实现投资回报。

从PPP项目的操作模式来看，社会资本投资PPP项目后，重点考虑的问题之一便是退出。根据2014年12月国家发展改革委发布的《关于开展政府和社会资本合作的指导意见》（发改投资[2014]2724号），PPP项目的规范管理过程主要有项目储备、项目遴选、伙伴选择、合同管理、绩效评价、退出机制。包括康养小镇在内的 PPP 项目合作周期长达二三十年，社会资本会重点考虑退出：一是股权回购或转让，指康养小镇 PPP 项目公司履约完毕或阶段性履约后，由政府、社会资本或其他投资者回购股权，或将股权转让给政府、社会资本或其他投资者；二是资产证券化，指康养小镇 PPP 项目公司运行过程中，社会资本通过资本市场实现退出。

通常情况下，康养小镇的盈利模式并不是上述某一种模式，多是两种或者两种以上的盈利模式组合。康养小镇 PPP 项目投资规模大，合作周期长，单一的盈利模式显然无法支撑小镇的发展，只有多元的盈利模式才能保障康养小镇持续、健康、稳定地发展。

第四章
康养小镇PPP项目实操要点

本章导读

康养小镇 PPP 项目风险及防范
康养小镇 PPP 项目绩效考核
康养小镇 PPP 项目全生命周期咨询
康养小镇 PPP 法律风险防范

康养小镇 PPP 项目风险及防范

当前，国家正大力推广康养小镇，且多数康养小镇采取 PPP 模式操作。需要指出的是，地方政府和社会资本对康养小镇 PPP 都抱着非常大的热情，然而，从康养小镇 PPP 的实际推广情况来说却不尽如人意。究其原因，主要是康养小镇 PPP 推广中存在诸多风险，需要康养小镇参与主体积极防范。

一、康养小镇 PPP 风险因素

（一）法律和政策变更风险

由于国家法律和政策变更而影响项目的实施被称为法律和政策变更风险，具体表现在由于国家颁布、修订、重新诠释法律而导致原有的 PPP 项目合法性及合同的有效性发生变化，直接给 PPP 项目的运营和社会资本的投资回报带来不利影响，给投资康养小镇PPP项目的社会资本带来损失。

（二）地方政府信用缺失风险

社会资本投资康养小镇PPP项目，政府信用往往是其重点关注的因素之一。通过研究此前我国部分失败的PPP项目案例，发现很多是地方政府违背承诺导致的。具体来说，地方政府信用缺失主要表现为：一是为加快当地基础设施建设，不顾政府财政实力盲目上马项目；二是部分地方政府操作PPP项目的水平不高，对社会资本做出脱离实际的承诺，导致最后没有能力兑现承诺；三是部分地方政府换届后，"新官不买旧账"。

（三）地方政府决策失误风险

总的来说，康养小镇PPP在我国推广的时间并不长，还缺乏政府顶层设计，地方政府还缺乏操作康养小镇PPP的运作经验和专业能力的人才队伍，导致康养小镇PPP项目决策程序不规范、不透明、不公开，最严重的情况是决策失误，给未来的项目建设与运营留下隐患。

（四）融资风险

康养小镇PPP大都是基建设施项目和社会公用事业项目，投资规模通常在三五十亿甚至高达数百亿。对社会资本来说，即使像央企、地方国企、龙头民企和上市公司，完全利用自有资金不太现实，因此需要向银行等金融机构融资。而目前我国PPP发展存在融资结构不合理、金融市场不健全、融资成本过高、融资渠道不畅等问题，容易引起融资风险。

（五）市场收益不足风险

康养小镇PPP项目市场收益不足主要是指项目建设完成后，社会资本不能收回投资或实现预期收益。这里既有客观原因，也有社会资本自身经验不足、技术能力不强、管理不科学等主观原因。实践中，社会资本市场收益不足主要是客观原因所致。

(六) 公众反对风险

康养小镇 PPP 项目主要涉及基础设施建设和公用事业项目建设，合作主体主要是地方政府和社会资本（包括金融机构）。然而，从项目参与的角度来看，还有广大的社会公众。

从实践来看，虽然建设运营康养小镇 PPP 项目在拉动地方经济、解决劳动力就业和改善人民群众生产生活环境方面发挥了重要的作用，但在项目落地的过程中还面临不少现实问题，比如公众反对。公众反对风险主要指在 PPP 项目建设、运营过程中，由于各种原因导致公众利益得不到保护或受损，从而引起公众反对，最终导致社会资本投资受损。进一步而言，公众反对的原因主要有两种：一是各方对项目拆迁、征地补偿款有较大争议，公众拒绝拆迁，阻挡项目推进等；二是项目涉及环境污染，引起当地公众反对和阻拦，即所谓的"邻避效应"[①]。

(七) 不可抗力

我国《合同法》规定，不可抗力是指不能预见、不能避免并不能克服的客观情况。不可抗力是指合同一方在签订合同前无法合理防范，情况发生时又无法回避或克服的事件或情况。《合同法》规定，因不可抗力不能履行合同的，根据不可抗力的影响，部分或者全部免除责任，但法律另有规定的除外。当事人迟延履行后发生不可抗力的，不能免除责任。

二、康养小镇 PPP 项目风险防范

要快速推进康养小镇 PPP 项目，需要各参与方采取有针对性的

[①] 邻避效应（Not-In-My-Back-Yard，音译为"邻避"，意为"不要建在我家后院"），指居民或当地单位因担心建设项目（如垃圾场、核电厂、殡仪馆等邻避设施）对身体健康、环境质量和资产价值等带来诸多负面影响，从而激发人们的嫌恶情结，滋生"不要建在我家后院"的心理，以及他们采取的强烈和坚决的、有时高度情绪化的集体反对甚至抗争行为。

措施，做好风险防范。

（一）法律和政策变更风险防范

PPP是一项涉及政府、社会资本、金融机构以及广大社会公众等多方利益的系统工程，PPP要持续、稳定地推广，需要全面、系统的法律法规作支撑。实践中，对于法律和政策变更给PPP项目带来的风险，重点是政府与社会资本在PPP合同中明确约定：如果出现国家法律和政策发生变化的情况，那么，合作各方要相应地进行价格调整、现金补偿、延长特许经营期限以及提前终止等，以规避法律和政策变更给相关各方带来的利益损失。

（二）地方政府信用缺失风险防范

从国际经验来看，重诺履约的市场环境是顺利开展PPP的前提和保障。对于地方政府的信用缺失风险，应该创新体制机制，提高地方政府的"契约精神"。比如对地方政府的违约行为，可以研究建立扣款机制，保障社会资本的合法权益。2016年7月，有消息称财政部将建立结算扣款机制，即上级财政部门应当督促下级财政部门严格履行PPP合同。没有及时足额向社会资本支付政府付费或者提供补贴的，按照合同约定依法办理。经法院判决后仍不执行的，由上级财政直接从相关资金中代扣，并支付至项目公司或社会资本。

（三）地方政府决策失误风险防范

对于地方政府决策失误风险的防范，关键还是要提高政府操作PPP项目的能力，同时还应该借助专业中介机构的力量。地方政府尤其不能采取固定回报、保底承诺、明股实债等方式进行变相融资。

（四）融资风险防范

康养小镇PPP投资规模大，对是否有足够的资金实力投资一个康养小镇PPP项目，社会资本应该有充分的准备，一定要将项目本身的投资规模、所处行业与自身的资金实力、行业实力做充分的评估。最重要的是必须有充足的资本金和向金融机构融资的渠道，以满足康养小镇项目的建设、运营和维护，不致出现融资风险。在具体操作上，社会资本与地方政府洽谈康养小镇PPP项目时，一定要同步启动与银行等金融机构的融资洽谈。否则，在签订PPP项目合同后再去融资就比较被动：如果贷款利率过高和贷款周期过短，社会资本将无钱可赚甚至亏损；另外，资金也跟不上项目建设进度，极有可能导致项目停工、停产。

（五）市场收益不足风险防范

康养小镇PPP项目无论采取哪一种回报机制（使用者付费、"使用者付费+政府可行性缺口补贴"、政府完全付费），社会资本都存在收益不足的风险。因此，康养小镇PPP项目合同要对政府保底责任[①]、项目价格调整、第三方竞争等进行明确约定。

（六）公众反对风险防范

无论是地方政府还是社会资本都应该重视公众反对的风险防范。一是在项目前期，地方政府和社会资本要大量宣传，并与公众反复沟通，直至消除公众疑虑。二是在项目建设和运营过程中，建设和运营方要严格遵守各项生产、环保制度，保护当地环境。三是在项目建成运营后，运营方可借鉴日本等地的先进经验，邀请项目所在地周边公众到企业参观，了解企业的技术和工艺，让公众对企业的生产和排污情况全面了解。

（七）不可抗力风险防范

社会资本在与地方政府签订康养小镇PPP合同时，应明确不可

---

① "保底责任"不是"固定回报"。"保底责任"主要是项目本身的用量，如一个污水处理PPP项目，前期在规模设计上都预留了空间，考虑到未来五年、十年甚至更远时间人口、企业的增加，但前期在实际运营中远没有设计规模的水量要处理，此时就需要政府承诺给予"保底水量"。这样，社会资本投资回报才有基本保障。"固定回报"指无论社会资本建设、运营效果怎么样，都能得到固定、长期的回报，从而将风险完全转嫁到地方政府身上，违背了PPP模式"利益共享、风险共担"的初衷。

抗力的定义和范围，以及不可抗力的处理程序。

下面，我们以某康养小镇 PPP 项目为例来介绍如何防范不可抗力风险。

某地方政府和社会资本在 PPP 项目合同中约定：

一、不可抗力是指在签订本协议时不能合理预见的、不能克服和不能避免的事件或情形。以满足上述条件为前提，不可抗力包括但不限于：

（一）雷电、地震、火山爆发、滑坡、水灾、暴雨、海啸、台风、龙卷风或旱灾。

（二）流行病、瘟疫爆发。

（三）战争行为、入侵、武装冲突或外敌行为、封锁或军事力量的使用，暴乱或恐怖行为。

（四）全国性、地区性、城市性或行业性罢工。

（五）由于不能归因于甲乙方的原因引起的污水处理工程供电中断。

二、积极补救不可抗力的义务

（一）尽快向对方通告事件或情况的发生，对事件或情况的预计持续时间和其在本协议项下履行义务的可能影响做出估计。

（二）做出一切合理努力以继续履行其在本协议项下的义务。

（三）尽快采取行动纠正或补救造成免于履行义务的事件或情况。

（四）做出一切合理努力以减轻或限制对对方造成的损害。

（五）将其根据上述（2）(3) 和 (4) 段采取的行动或行动计划定期通告对方，并在导致它免于履行义务的事件或情况不再存在时立即通知对方。

三、不可抗力的处理程序

不可抗力事件发生后，双方应本着诚信平等的原则，立即就此等不可抗力事件进行协商。

（一）如果双方在7日内达成一致意见，继续履行在本协议项下的义务，则甲方（此处指地方政府，下同）应按照规定向乙方（此处指社会资本，下同）进行补偿。

（二）如果双方不能够在上述7日期限内达成一致意见，则任何一方可送达终止通知。

四、费用

发生不可抗力事件时，任何一方必须各自承担由于不可抗力事件造成的支出和费用。乙方因不可抗力造成的损失，应由保险获得补偿，甲方可依不可抗力造成的时间损失给予延期并相应延长特许经营期。

五、不可抗力造成的终止

如果任何不可抗力事件阻止一方履行其义务的时间自该不可抗力发生日起连续超过7个工作日，双方应协商继续履行本协议的条件和重新履行本协议的时间。如果自不可抗力发生后7个工作日之内，双方不能就继续履行的条件和时间达成一致意见，并且该不可抗力事件如果不能一致解决将会对项目的顺利进行造成实质性影响时，任何一方均可以按书面通知另一方终止本协议。

三、康养小镇PPP项目风险分配

财政部《关于印发政府和社会资本合作模式操作指南（试行）的通知》（财金〔2014〕113号）对PPP项目的风险分配基本框架作了规定：按照风险分配优化、风险收益对等和风险可控等原则，综合考虑政府风险管理能力、项目回报机制和市场风险管理能力等要素，在政府和社会资本间合理分配项目风险。原则上，项目设计、建造、财务和运营维护等商业风险由社会资本承担，法律、政策和最低需求等风险由政府承担，不可抗力等风险由政府和社会资本合理共担。

康养小镇

表 4-1 为某康养小镇 PPP 项目风险分配框架表。

表 4-1　　　　　　　　　某康养小镇 PPP 项目风险分配框架表

风险因素分组	风险因素	政府	社会资本	共同承担	备注
项目审批	项目未通过立项审批。	√			
	设计审批风险。	√			
	施工准备手续、竣工验收工作导致的审批风险。		√		政府方原因除外。
设计	政府方要求改变项目功能性要求。	√			
	合同实施时，项目公司提出一个比较经济的施工方案，致使项目功能性要求改变。		√		
	设计缺陷。		√		
融资	政府方资金未及时到位。	√			
	社会资本资金未及时到位。		√		
	融资未及时到位。		√		项目审批手续不全除外。
	因社会资本方原因导致的项目融资成本增加。		√		
建设	项目征地拆迁及土地获取风险。	√			
	项目建设内容及规模调减。		√		
	投资控制风险。		√		政府要求设计变更原因除外。

续表 4-1

风险因素分组	风险因素	政府	社会资本	共同承担	备注
建设	工程完工时间延后。		√		非社会资本原因除外。
	安全施工及技术、质量风险。		√		政府方原因除外。
	分包商/供应商的违约。		√		
	在基础工程施工时，项目用地范围内发现文物。	√			
	缺陷与隐蔽缺陷。		√		
	工程竣工验收未达标。		√		政府方原因除外。
运营	责任期内的质量缺陷。		√		
	维护成本高于预期。		√		政府方原因除外。
	经营收入严重低于预期。		√		
	由于恐怖袭击、特殊灾害等事件而受到影响。			√	
	政府方原因导致迟延支付可行性缺口补助。	√			
移交	移交的资产不达标。		√		
	合作期满后，本项目仍可以继续工作且符合移交标准，但已经不能满足即时的新要求。	√			
	资产征用。	√			

续表 4-1

风险因素分组	风险因素	政府	社会资本	共同承担	备注
政策	国家、省、市出台新的行业政策、标准，进而导致设计发生改变。			√	
	本地区出台新的行业政策、标准，进而导致设计发生改变。	√			
	税收政策的变化。			√	
	对当地政府主管部门授予项目公司的运营维护权进行追索。	√			
不可抗力	不可抗力。			√	

康养小镇 PPP 项目绩效考核

绩效从字面意思理解，绩是指的成绩、业绩，即工作实施后的结果。效指的是效率，即工作实施的过程。绩效管理是对绩效实现过程中各要素的管理，是基于企业战略基础之上的一种管理活动。绩效管理过程具体包括绩效计划、管理绩效、绩效考核、绩效激励等。

一、加强 PPP 绩效考核

国家发展改革委《关于开展政府和社会资本合作的指导意见》（发改投资〔2014〕2724 号），界定了 PPP 项目的规范管理过程，即项目储备、项目遴选、伙伴选择、合同管理、绩效评价、退出机制。财政部发布《关于在公共服务领域深入推进政府和社会资本合作工作的通知》（财金〔2016〕90 号），明确要加强项目全生命周期的合同履约管理，确保政府和社会资本双方权利义务对等，政府支出责任与公共服务绩效挂钩。

二、PPP 项目绩效考核的依据

PPP 项目绩效考核的依据在《中华人民共和国预算法》中有明确规定，第五十七条第三款规定：各级政府、各部门、各单位应当对预算支出情况开展绩效评价。《基础设施和公用事业特许经营管理办法》《关于在公共服务领域推广政府和社会资本合作模式的指导意见》（国办发〔2015〕42 号）、财政部《关于印发政府和社会资本合作模式操作指南（试行）的通知》（财金〔2014〕113 号）等办法以及规范性文件中也均有所规定。

《关于规范政府和社会资本合作（PPP）综合信息平台项目库管理的通知》（财办金〔2017〕92 号）明确了将未建立按效付费机制的项目，包括通过政府付费或可行性缺口补助方式获得回报，但未建立与项目产出绩效相挂钩的付费机制的；政府付费或可行性缺口补助在项目合作期内未连续、平滑支付，导致某一时期内财政支出压力激增的；项目建设成本不参与绩效考核，或实际与绩效考核结果挂钩部分占比不足 30%，固化政府支出责任的。此类项目将不予办理入库手续。已经入库的，经评审后予以清退。

关于实际与绩效考核结果挂钩部分占比不足 30% 的，举个简单的例子就是政府付费或可行性缺口补助方式下，政府财政支出责任每年为 1000 万元，其中的最低 30% 部分即 300 万元要在运营期内参与绩效考核，绩效考核不及格，政府将不承担该部分的财政支出责任。若连续在一定期间内绩效考核不及格达到规定次数的，则视为社会资本违约，触发合同解除机制，政府可行使合同解除权。

下面，我们以某康养小镇 PPP 项目（以下简称"本项目"）为例来介绍 PPP 项目绩效考核的依据。

某康养小镇 PPP 项目的绩效考核依据

一、考核范围

本项目建成后,项目范围内所有建设内容的维护管理及项目运营状况考评工作适用本办法进行考核。

二、考核主体

考核主体为实施机构牵头组建的考核小组,负责组织实施考核。考核小组成员包括某区政府及相关行业主管部门、有关单位,必要时还可包括第三方机构。

三、考核内容

本项目考核内容为项目合同规定的运营期合作范围。

四、考核程序

(一)常规考核

常规考核每半年进行一次,在项目公司向实施机构提交半年度运维情况报告后 5 日内进行,并应在 7 日内完成。实施机构需提前 48 小时通知项目公司开始考核的时间。项目公司在实施机构的监督下,在规定的考核现场对相关建筑物、构筑物及相关配套设施进行物理检查。

(二)临时考核

实施机构可以随时自行考核,如发现缺陷,则需在 24 小时内以书面形式通知项目公司。项目公司在接到实施机构的书面通知后,应在绩效考核要求的时间内修复缺陷。

无论是常规考核还是临时考核,项目公司皆应及时修复缺陷。否则,实施机构可根据相关约定提取项目公司提交的运维移交履约保函项下的相应金额。

五、相关配套安排

政府方为本项目建设施工所必需的包括水、电等临时配套设施等给予必要的协助支持,由此所发生的任何使用费用由项目公司承担,并纳入项目总投资。

六、专项资金补助的处置方式

项目公司应当积极申请项目相关专项资金补助，申请到的资金补助由项目公司专项用于项目建设或运营管理。

七、政府的保障和承诺

1. 严格按照招标投标法的规定，采取公开招标方式，遵循"公开、公平、公正、科学择优"的原则，引入信誉好、有实力的社会资本参与项目建设和运营。

2. 依法签署《PPP 合同》，并严格按照合同执行，及时办理支付手续，切实履行政府合同责任、维护地方政府信用，保障 PPP 项目顺利实施。

3. 依法公开充分披露项目实施的相关信息，保障公众知情权，接受社会监督。

4. 简化项目审核流程，减少项目审批环节，可并行办理必要的审批手续。有关部门不在现有的行政审批事项以外增设其他审批环节，对实施方案中已明确的内容不再作实质性审查，要制定简化 PPP 项目审批手续的办理流程。实施机构协助项目公司或社会资本办理相关手续。

5. 合作过程中，如遇不可抗力或违约事件导致项目提前终止时，项目实施机构及时做好接管，保障项目设施持续运行，保证公共利益不受侵害。

6. 及时将本项目录入财政部 PPP 综合信息平台，并确定政府付费资金来源，应列入财政预算和中长期财政规划，并取得同级人大决议。

三、PPP 项目绩效评价

我国按照 PPP 实施情况，实行事前设定绩效目标、事中进行绩效跟踪、事后进行绩效评价的全生命周期绩效管理机制。

财政部《关于推广运用政府和社会资本合作模式有关问题的通知》(财金〔2014〕76号),要求稳步开展项目绩效评价,"省级财政部门要督促行业主管部门,加强对项目公共产品或服务质量和价格的监管,建立政府、服务使用者共同参与的综合性评价体系,对项目的绩效目标实现程度、运营管理、资金使用、公共服务质量、公众满意度等进行绩效评价。绩效评价结果应依法对外公开,接受社会监督。同时,要根据评价结果,依据合同约定对价格或补贴等进行调整,激励社会资本通过管理创新、技术创新提高公共服务质量。"

财政部《关于印发政府和社会资本合作模式操作指南(试行)的通知》(财金〔2014〕113号)规定,将PPP项目操作流程分为5个阶段19个环节,业内称之为"519"。即识别、准备、采购、执行、移交5个阶段。5个阶段均涉及绩效评价事宜。

1. 识别阶段

政府委托咨询公司开展物有所值(VFM)和财政承受能力论证,并组织各领域专家对两个报告进行打分评审。

2. 准备阶段

以物有所值、财政承受能力论证为标准对实施方案进行验证。通过验证的,由项目实施机构报政府审核。未通过验证的,可在实施方案调整后重新验证。经重新验证仍不能通过的,不再采用政府和社会资本合作模式。

3. 采购阶段

以资格预审验证社会资本参与度,项目必须有3家以上的社会资本通过资格预审。否则,项目实施机构应调整实施方案。

4. 执行阶段

开展绩效监测,将政府付费、使用者付费与绩效评价挂钩,并将绩效评价结果作为调价的重要依据,确保实现公共利益最大化。

5. 移交阶段

项目移交后要进行绩效评价，对项目的产出、成本效益、监管成效、可持续性、政府和社会资本合作模式应用等进行绩效评价。评价结果作为政府开展政府和社会资本合作管理工作决策的参考依据。

依据财政部5个阶段划分，每个阶段均涉及绩效评价，与国务院的分类标准进行对应，可以将识别和准备阶段的评级对应为事前评价，采购阶段和执行阶段的评价对应为事中评价，移交阶段的评价对应为事后评价，如图4-1所示。

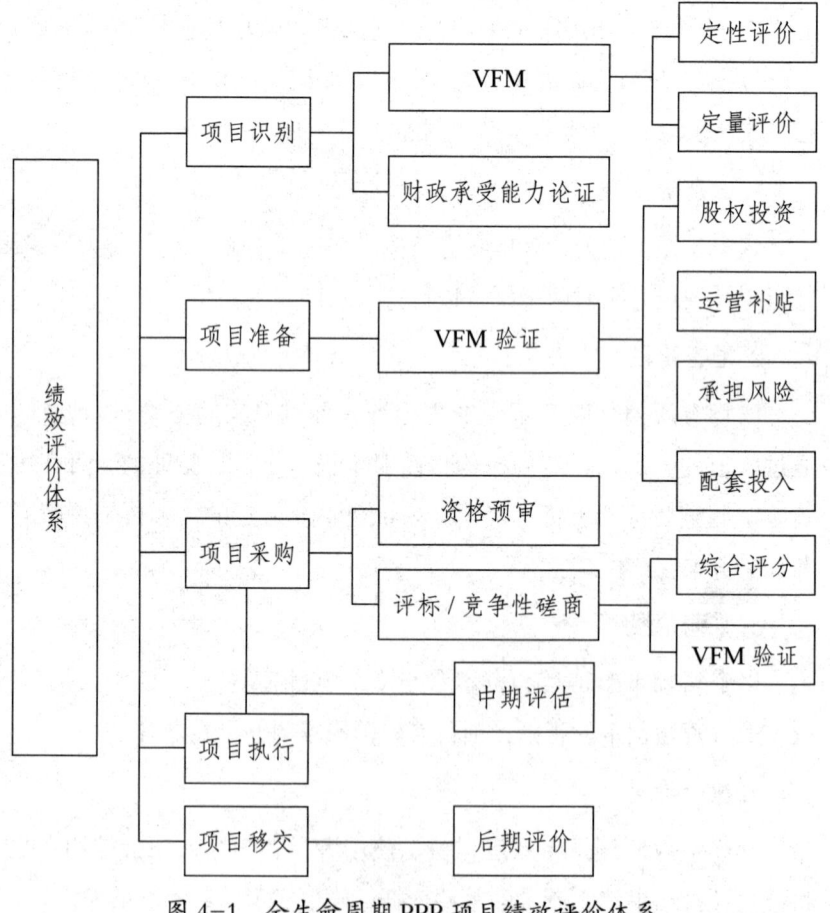

图4-1 全生命周期PPP项目绩效评价体系

此外，国家发展改革委《关于开展政府和社会资本合作的指导意见》（发改投资〔2014〕2724号）文件规定：在项目实施过程中，加强工程质量、运营标准的全程监督。①对公共产品和服务的数量进行评价。②对公共产品和服务的质量进行评价。③对项目资金使用效率进行评价。上述评价结果作为价费标准、财政补贴以及合作期限等调整的参考依据。④项目结束后，对项目的成本效益、公众满意度、可持续性进行后评价，评价结果作为完善PPP模式制度体系的参考依据。

康养小镇 PPP 项目全生命周期咨询

PPP 项目咨询是一个宽泛的概念，因为 PPP 项目投资规模大、周期长，咨询内容涵盖了管理、工程、财务、法律、投融资等，涉及的领域非常多。为此，引入第三方专业的咨询机构，为 PPP 项目全生命周期管理提供规范、系统、整体、连续性的技术支持和咨询服务，能够避免分阶段、分主体提供咨询带来的前后脱节及缺乏连贯性和稳定性的弊端，满足 PPP 项目各利益相关方的诉求，实现"利益共享，风险共担"的 PPP 精髓。

PPP 项目领域是咨询市场的一个蓝海，康养小镇 PPP 市场前景广阔。全国综合信息平台项目库各省（区、市）2017 年报显示，截至 2017 年 12 月末，全国综合信息平台管理库项目 7137 个、投资额 10.8 万亿元，每一个项目均需要咨询公司提供专业的咨询服务，如此巨大的投资规模，所产生的巨大咨询需求非常可观。

一、政策依据

财政部《关于推广运用政府和社会资本合作模式有关问题的通知》(财金〔2014〕76号)指出,"要积极借鉴物有所值(VFM)评价理念和方法,对拟采用政府和社会资本合作模式的项目进行筛选,必要时可委托专业机构进行;在订立具体合同时,地方各级财政部门要会同行业主管部门、专业技术机构,因地制宜地研究完善合同条款,确保合同内容全面、规范、有效。"

国家发展改革委《关于开展政府和社会资本合作的指导意见》(发改投资〔2014〕2724号)提出,"要积极发挥各类专业中介机构在PPP项目的资产评估、成本核算、经济补偿、决策论证、合同管理、项目融资等方面的积极作用,提高项目决策的科学性、项目管理的专业性以及项目实施效率。"

为推动PPP咨询服务市场的规范有序发展,促进咨询服务供需有效对接和咨询服务质量的提升,2017年3月,财政部出台了关于印发《政府和社会资本合作(PPP)咨询机构库管理暂行办法》(以下简称《暂行办法》)的通知(财金〔2017〕8号)。《暂行办法》对咨询服务进行了定义,是指与PPP项目相关的智力支持服务,包括但不限于PPP项目的实施方案编制、物有所值评价、财政承受能力论证、政府采购代理、工程造价咨询、运营中期评估和绩效评价以及相关法律、投融资、财务、采购代理、资产评估服务等。凡进入咨询机构库的咨询机构必须满足以下条件:①为依法设立的,能够独立享有民事权利和承担民事义务的法人及其他组织,不包括分公司、办事处等;②具备如下咨询服务业绩:作为独立或主要咨询方,已与项目库中至少1个项目的政府方签订咨询服务合同,实质性提供PPP咨询服务,且项目已进入准备、采购、执行或移交阶段;③咨询机构有关信息已录入信息平台项目库;④近两年内未自愿退出机构库或者发生《暂行办法》第十五条所列退库行为。《暂行办法》的规定不是强制性规定，未进入机构库的咨询公司并未排除在咨询服务市场之外。机构库的信息只是供政府选择咨询机构时参考，政府选择咨询机构要符合政府采购的相关规定，未进入机构库的咨询公司也可以为政府提供咨询服务。

根据目前咨询服务市场为政府或是社会资本提供咨询服务的机构来看，主要为以下几类机构：工程造价咨询企业、招标代理企业、会计师事务所、律师事务所、资产评估企业。

二、咨询机构的服务内容

咨询机构为康养小镇PPP项目提供全生命周期的咨询服务，包括项目的识别阶段、准备阶段、采购阶段、建设阶段、运营阶段和移交阶段。

（一）为政府实施康养小镇PPP项目提供咨询服务

1. 项目识别阶段

项目识别阶段的主要服务内容有：协助政府组建项目工作组，在行业里遴选潜在的PPP项目，服务于康养小镇的整体规划；协助政府召开专题工作会议，推进项目的实施；物有所值评价，主要从定性和定量两方面展开；财政承受能力论证，对部分政府付费或政府补贴的项目开展财政承受能力论证；确定PPP项目运作模式；召集财会、法律、项目管理、融资等领域的专家进行物有所值、财政承受能力的论证评审工作。

2. 项目准备阶段

项目准备阶段的主要服务内容有：编制实施方案，包括项目概况、风险分配基本框架、项目运作方式、交易结构、合同体系、监管架构、采购方式的选择；组织专家以物有所值、财政承受能力为标准进行实施方案的验证；协助实施机构报批实施方案予以审核通过；根据批准的实施方案，制定详细工作计划，协调各方按照工作计划予以执行。

3. 项目采购阶段

项目采购阶段的主要服务内容有：编制并发布资格预审文件，确定参与的社会资本的资格要求、资信及业绩要求等；编制 PPP 项目合同草案；协助政府引入社会资本方；发布采购公告，接受社会资本的报名投标行为；协助政府对采购文件的澄清或修改；协助政府对响应文件进行评审；参与、协助政府进行采购结果的确认谈判，参与 PPP 项目合同的签署；协助政府发布中选公示。

4. 项目建设及运营阶段

项目建设及运营阶段的主要服务内容有：协助政府选定工程监理单位；协助政府制定项目监督办法；协助政府进行合同修订工作，在社会资本违约时，协助政府进行违约责任划分以及争议管辖事宜；按照绩效考核标准进行项目绩效考核，协助政府按照绩效考核结果进行在政府付费或可行性缺口补助条件下的财政资金的支出。

以某康养小镇 PPP 项目为例，政府选定专业的中介咨询机构编制政府、服务使用者共同参与的综合性评价体系，对项目的绩效目标实现程度、运营管理、资金使用、公共服务质量、公众满意度等进行绩效评价。绩效评价结果应依法对外公开，接受社会监督。根据评价结果，依据《PPP 合同》约定对价格或补助等进行调整，激励社会资本通过管理创新、技术创新提高公共服务质量。

5. 项目移交阶段

项目移交阶段的主要服务内容有：协助政府组成移交工作组或移交委员会，确定组成人员；制定移交标准、移交内容、移交形式，梳理项目资产、知识产权，制定工作人员的接收计划；协助政府进行项目移交后的测试工作；协助政府进行移交后的项目绩效评价工作。

6. 全过程综合咨询工作阶段

全过程综合咨询工作阶段的主要服务内容有：为政府各相关机构进行 PPP 知识的培训，协助、指导相关工作的开展；口头或书面（包括以律师事务所法律意见书形式）对政府提出的问题予以解答或处理；执行全过程咨询工作，防范各阶段的风险。

（二）为社会资本提供康养小镇 PPP 项目咨询服务

1. 项目尽调阶段

项目尽调阶段的主要服务内容有：协助社会资本审查项目所在地政府的财政收入情况，结合已实施和拟实施的 PPP 项目，审查政府财政承受能力情况；协助社会资本审查项目立项手续是否齐全，所欠缺手续是否影响项目的实施；协助社会资本审查项目是否已入项目库，对未入库项目结合律师事务所向委托方出具法律意见书，阐述项目实施的法律风险；项目财务可行性以及可融资性评估；为社会资本进行 PPP 知识培训；出具项目风险评估报告。

2. 实施方案审查阶段

实施方案审查阶段的主要服务内容有：运作模式、交易结构的合理性分析；协助社会资本与金融机构（包括但不限于商业银行、政策性银行、信托、产业基金等）进行沟通，制定融资方案；协助社会资本组成项目联合体，发挥专长。

3. 投标阶段

投标阶段的主要服务内容有：根据招标项目，协助社会资本制作投标书等文件；协助社会资本在开标现场监督开标过程；协助社会资本进行采购结果的谈判。

4. PPP 项目合同的签订阶段

PPP 项目合同签订阶段的主要服务内容有：协助社会资本执行、管理 PPP 合同；识别 PPP 合同执行过程中的潜在风险，制定风险排除计划；协助社会资本与政府开展 PPP 合同的再谈判和修订工作。

5. 项目建设阶段

项目建设阶段的主要服务内容有：协助社会资本制定公司章程，组建项目公司；协助项目公司签署 PPP 合同承继协议或 PPP 合同补充协议；协助项目公司实施融资计划；制定项目管理和成本控制计划。

6. 项目运营阶段

项目运营阶段的主要服务内容有：制定并协助社会资本实施项目运营方案；协助项目公司处理运营过程中的合同修订工作、违约责任划分、争议管辖事宜。

7. 项目移交阶段

项目移交阶段的主要服务内容有：协助项目公司组成移交小组，确定小组成员；制定移交计划、移交标准、移交内容、移交方式等文件；梳理项目资产、知识产权和技术等法律文件；制定项目工作人员的安排计划。

康养小镇 PPP 法律风险防范

从社会资本方投资角度并结合笔者参与的康养小镇项目的法律服务经验来看，康养小镇 PPP 项目一般时间跨度大，投资经营内容复杂，加上康养和 PPP 在国内尚属新鲜事物，法律法规层面的文件不够完善，因此，社会资本方不仅要关心项目经济市场、成本收益风险，还要关注项目过程中存在的法律风险问题。

谈到法律风险，首先，我们介绍风险的含义。所谓风险是指人们在生产、生活或对某一事项做出决策的过程中，未来结果的不确定性，包括正面效应和负面效应的不确定性。从经济角度而言，前者为收益，后者为损失。法律风险属于风险范围中的一种，在企业生产经营中及决策中随时会因法律的颁布及对法律的认识及适用等存在不足而出现法律风险。此外，康养小镇建设过程中涉及基础设施建设、公众利益，会出现很多复杂的法律问题，比如项目采购环节中招标投标模式的选择、总承包或建设工程施工合同的签订及建设施工中的变更、索赔、工程款结算、质保、纠纷解决等。因此，如果要规避康养小镇建设、运营过程中的法律风险，需要专业的运营团队和法律团队提供相关方面的全流程法律服务。

对社会资本方而言，如何识别康养小镇 PPP 项目中的主要法律风险，采取切实有效的措施加以防范尤为重要。为了识别风险，一方面，要将相关的法律法规、行政规章和发展改革委、财政部关于 PPP 项目的合同通用文本结合研究；另一方面，再结合国内相关 PPP 失败项目的经验和教训，识别和防范主要法律风险。由于 PPP 项目流程比较复杂，包括识别、准备、采购、执行和移交等五个阶段 19 大步骤，因此，法律风险防范也主要针对这五个阶段 19 大步骤。

一、识别、准备阶段项目的合法性

康养小镇建设中，PPP 项目识别准备阶段主要包括项目立项、筛选、物有所值评价和财政承受能力论证，还有根据各地不同特点确定实施机构和按照规定程序对实施方案进行审核等环节。

我国《政府核准投资项目管理办法》《关于发布政府核准的投资项目目录的通知》对立项涉及的部门和立项管理进行了相应规定。同时，根据《市政公用事业特许经营管理办法》《基础设施和公用事业特许经营管理办法》的规定，PPP 模式中社会资本方经营权的授权主体为县级以上政府，县级以上政府授权特定的实施机构负责项目的具体实施。因此，康养小镇 PPP 项目是否符合规定的程序和实体条件即项目本身的合法性将决定项目成败。从 2017 年底到 2018 年初我国 PPP 项目的退库个别项目看，其中涉及准备阶段（如财政承受能力的论证方面存在问题）的项目占有一定的比例。

鉴于上述风险，社会资本方应该严格审查立项材料，确保康养小镇 PPP 项目在国务院和当地投资项目目录允许的范围内，且当地政府根据《政府和社会资本合作项目论证指引》两"论证"已经启动并顺利通过。属于允许的投资项目，项目核准机关已经按照相应程序予以核准并获得政府审批，已经按照程序办理了相应的备案手续，项目实施方案通过政府审定等。

二、项目采购阶段中的采购程序和采购款支付法律风险

项目采购阶段风险主要包括项目采购方式、程序选择、采购款支付法律风险。

1. 审查采购程序是否恰当，确保中标合法。财政部2014年12月下发的《关于印发政府和社会资本合作模式操作指南（试行）的通知》（财金〔2014〕113号），规范了政府和社会资本合作模式（PPP）项目识别、准备、采购、执行、移交各环节操作流程，并对PPP项目采购方式做出详细规定，应按照《中华人民共和国政府采购法》及相关规章制度执行。采购方式包括公开招标、竞争性谈判、邀请招标、竞争性磋商和单一来源采购，明确界定了上述五种采购方式不同的适用范围和条件。为了规避风险，项目实施机构应根据项目采购需求特点，依法选择适当采购方式。项目实施机构谨慎选择符合条件的采购方式，完善采购程序，比如涉及资格预审环节的程序，按照国家相关文件的要求，采用PPP模式建设项目必须进行资格预审。因此，应关注不同采购方式流程的差异，一旦采购方式或采购程序错误，必将导致社会资本方中标无效，给其造成巨大经济损失。

2. 审查PPP项目政府出资部分是否纳入财政预算，以规避采购款支付风险。根据我国《预算法》的规定，财政资金的支出必须按照已获批的预算为依据，未列入预算的财政资金无法支出，各级人大可以按照规定撤销本级政府错误的预算和决算决定。在PPP项目的实践中，社会资本方根本无法知悉当地政府是否存在其他PPP项目和项目总预算支出状况，对本拟投项目是否超出政府预算总额

更是无法确认。对此，特别提示社会资本方，尤其是需要政府付费、政府财政补贴的PPP项目，应该特别关注以下三点内容。

（1）要求实施机构向其披露人大决议等材料，说明当地政府已经按照《预算法》相关规定履行了法定核准手续。社会资本对前期应进行必要的尽职调查。

（2）实施机构向社会资本方做出书面说明，对本项目不会违反《预算法》规定和触碰当地政府关于财政预算支出总额相关限制做出说明。

（3）将上述内容在项目合同中载明，并设置相关的法律风险防范措施。

三、项目执行阶段中项目公司及项目合同的法律问题

（一）项目公司

康养小镇建设中，按照以往PPP项目的经验和教训，项目公司的股东构成较为复杂。尽管有政府相关的融资和财政支持，项目公司股权融资一般是社会资本方常用的融资手段。一旦启动股权融资方式，项目公司股权转让甚至控制权转移将不可避免。政府在前期考察社会资本时，往往基于对社会资本方经济、业务、技术等综合能力的认可，更倾向于社会资本在合作期内持续稳定，不希望其因为股权融资而发生变更。所以，在项目公司设立后确定章程中应尽可能约定股东的退出制及分配机制等。

（二）项目合同

根据《政府和社会资本合作模式操作指南》（财金〔2014〕113号）的规定，PPP项目所涉合同体系主要包括项目合同、股东合同等一系列合同。其中，PPP项目合同是最基础、最重要、最核心的法律文件。

对于社会资本方来说，首先，应重点审查PPP项目合同的重要内容（如政府方的职责、特许经营权内容、市场技术等风险的分担

方式、融资条件及交割条件、社会资本方的退出及项目公司的清算等）。其次，应重点注意政府承诺的相关支持政策是否合法合规，是否触犯法律红线。第三，对于政府承诺的补贴补偿、配套和贷款支持等内容，务必在项目合同中明确，锁定政府承诺内容，以保证后期合作中能够享受上述优待。

需要特别注意的是，对于社会资本方而言，一方面，签署PPP合同时应提前预留必要的股权，为后期可能出现的股权融资留出空间；另一方面，针对政府的项目运营能力较弱的实际状况，为保障项目顺利开展，社会资本方应对政府在项目公司中的决策权等股东权利做出相应限制。

四、项目移交阶段中的退出风险

根据《政府和社会资本合作模式操作指南》（财金〔2014〕113号）规定，项目结束后办理移交时，授权的实施机构或政府指定机构代表政府从社会资本方手中收回项目合同约定的相应资产。双方移交的标准是项目合同约定移交形式、补偿方式、移交内容等。

鉴于以往的PPP项目的操作经验，基于PPP项目合资成立的项目公司，通行做法是项目公司将项目资产移交给政府，移交后社会资本方将项目公司清算解散。社会资本方应根据移交形式（期满终止移交和提前终止移交）的不同，严格按照项目合同约定的补偿方式进行移交补偿，明确移交内容包括项目资产、人员、文档和知识产权等。对于补偿方案没有约定或约定不明的，社会资本方应按照"恢复相同经济地位"规定初步拟定补偿方案，按照相应程序和权限报政府审核，核准后按照补偿方案实施。

综上，社会资本方采取PPP模式参与康养小镇建设，要对项目的法律风险有着充分认识，采取积极措施规避上述法律风险点，在维护公共利益的同时保障自己的合法权益。

五、采用 PPP 模式开发康养小镇的其他风险提示

由于康养特色小镇建设涵盖土地前期开发、基础设施及市政配套设施建设，因此与近年来全国推广的 PPP 的模式非常契合。一方面，采取 PPP 模式开发建设康养小镇可以得到优惠政策，并可与政府商议可行性缺口补助方案。根据财政部的相关规定要求，政府补助应"纳入政府预算，并在中长期财政规划中统筹考虑"，以保障社会资本取得投资回报的路径。另一方面，采取 PPP 模式建设康养小镇亦对于社会资本有所限制，如在康养小镇建设中必不可少地会涉及土地一级开发工作，这在《关于联合公布第三批政府和社会资本合作示范项目加快推动示范项目建设的通知》（财金〔2016〕91号）的文件中有明确规定："PPP 项目主体或其他社会资本不得作为项目主体参与土地收储和前期开发等工作，不得借未供应的土地进行融资；PPP 项目的资金来源与未来收益及清偿责任，不得与土地出让收入挂钩。"据此，投资主体并不能以 PPP 项目社会资本方的身份参与土地收储和前期开发，并且，PPP 项目的收益也不能与土地出让收入挂钩。不过，与财金〔2016〕91号文同时公布的第三批政府和社会资本合作示范项目中亦有包含土地储备前期开发的综合类项目，与上述条文似存在一定冲突。对此，笔者认为：单纯的土地前期开发业务通常由于缺乏项目运营环节，并不符合当前我国主流 PPP 项目的基本特征和导向，故不宜作为 PPP 投资项目，但包含土地前期开发在内的康养小镇开发、产业园区开发和运营的 PPP 项目在实践中并未一刀切不允许社会资本方进行土地前期开发，仍存在投资空间。

第五章
康养小镇 PPP 金融困局与解决路径

本章导读

康养小镇建设融资模式

康养小镇PPP项目融资相关主体

康养小镇：社会资本遭遇融资难

康养小镇PPP项目投融资方式

资产证券化支持康养小镇PPP项目

康养小镇建设融资模式

康养小镇是以健康产业为核心,健康、养生、养老、休闲、旅游等多元化功的集聚服务平台。康养小镇需要以基础设施的投入为前提,但对部分地区尤其是财政比较薄弱的地区而言,不可能投入大量的资金搞基础设施建设。因此,康养小镇建设采取何种投融资模式至关重要。严格来说,持续稳定的资金来源是康养小镇发展的关键。

专业人士指出,当下我国特色小镇建设融资渠道主要有五种,分别为政府资金、社会资本、政策性资金、开发性金融和商业金融五种。要大力推广特色小镇建设,必须充分认识并发挥好这五种融资渠道的不同作用:一是政府资金的"引导作用",如国家发展改革委等部门给予符合条件的特色小镇项目以专项资金支持、中央财政对建设较好的特色小镇发放的适当奖励等;二是社会资本的"主体作用",特色小镇建设的理念是"政府引导、企业主体、市场化运作",此处的"企业主体"主要是针对社会资本,而社会资本参与特色小镇建设,一个重要的方面是给予资金支持,缓解政府财政压力;三是政策性资金的"助推作用",如中国农业发展银行将特色小镇建设作为信贷支持的重点领域,开辟办贷绿色通道,对相关项目优先受理、优先审批,提供中长期、低息贷款;四是开发性金融"特殊作用",特色小镇具有建设和运营期长的特点,而开发性金融则可以发挥自身优势,为特色小镇建设提供长期大额资金①;五是商业金融的"促进作用",除政策性资金、开发性金融外的各类商业银行应配合地方政府做好引进企业、发展特色产业、征地拆迁等工作,并根据特色小镇实际需求和建设进度,推出特色信贷融资产品。

以下是笔者在服务及咨询康养小镇项目后总结的几种融资模式。

一、开发贷款模式

就康养小镇建设融资而言,国家开发银行、中国农业发展银行、中国建设银行等与住房城乡建设部、发展改革委联合发文以提供金融支持政策。

住房城乡建设部、国家开发银行《关于推进开发性金融支持小城镇建设的通知》(建村〔2017〕27号)中规定:建立项目储备库择

---

① 目前,我国特色小镇建设许多采取PPP模式,而PPP模式下的社会资本急需金融机构的支持。对此,2015年3月,国家发展改革委、国家开发银行联合印发《关于推进开发性金融支持政府和社会资本合作有关工作的通知》,对发挥开发性金融积极作用、推进PPP项目顺利实施等工作提出具体要求。开发银行在监管政策允许范围内,给予PPP项目差异化信贷政策:一是加强信贷规模的统筹调配,优先保障PPP项目的融资需求;二是对符合条件的PPP项目,贷款期限最长可达30年,贷款利率可适当优惠;三是建立绿色通道,加快PPP项目贷款审批;四是贯彻《国务院关于创新重点领域投融资机制鼓励社会投资的指导意见》关于"支持开展排污权、收费权、集体林权、特许经营权、购买服务协议预期收益、集体土地承包经营权质押贷款等担保创新类贷款业务"的要求,积极创新PPP项目的信贷服务。

优推荐融资支持项目，加强提供中长期信贷支持，积极开展小城镇建设项目涉及的特许经营权、收费权和购买服务协议下的应收账款质押等担保类贷款业务。

国家发展改革委联合国家开发银行出台了《关于开发性金融支持特色小（城）镇建设促进脱贫攻坚的意见》（发改规划〔2017〕102号），指出：要坚持规划引导、金融支持。根据各地发展实际，精准定位、规划先行，科学布局特色小（城）镇生产、生活、生态空间。通过配套系统性融资规划，合理配置金融资源，为特色小（城）镇建设提供金融支持，着力增强贫困地区自我发展能力，推动区域持续健康发展。作为服务国家战略的开发性金融机构，国家开发银行将积极贯彻"创新、协调、绿色、开放、共享"五大发展理念，集中资源、精准发力。支持重大战略、重大项目、重大工程和重点客户。谋划长远，积极探索，主动培育，支持科技创新、智慧城市、高端装备制造、特色小镇、健康养老等新经济新业态新产业。

住房城乡建设部、中国农业发展银行联合发布了《关于推进政策性金融支持小城镇建设的通知》（建村〔2016〕220号，以下简称《通知》），充分阐述了政策性金融在小镇建设中的作用，并在支持范围、贷款项目库、项目管理等方面做出了明确的要求。《通知》指出：小城镇是新型城镇化的重要载体，是促进城乡协调发展最直接最有效的途径。各地要充分认识培育特色小镇和推动小城镇建设工作的重要意义，发挥政策性信贷资金对小城镇建设发展的重要作用，做好中长期政策性贷款的申请和使用，不断加大小城镇建设的信贷支持力度，切实利用政策性金融支持，全面推动小城镇建设发展。

《国务院关于加快发展养老服务业的若干意见》（国发〔2013〕35号）中规定：金融机构要加快金融产品和服务方式创新，拓宽信贷抵押担保物范围，积极支持养老服务业的信贷需求。积极利用财政贴息、小额贷款等方式，加大对养老服务业的有效信贷投入。加强养老服务机构信用体系建设，增强对信贷资金和民间资本的吸引力。

国家发展改革委《关于加快美丽特色小（城）镇建设的指导意见》（发改规划〔2016〕2125号），鼓励政府利用财政资金撬动社会资金，共同发起设立特色小镇建设基金；鼓励国家开发银行、农业发展银行、农业银行以及其他金融机构加大金融支持力度；鼓励有条件的小城镇通过发行债券等多种方式拓宽融资渠道。

商业银行也在政策上支持特色小镇建设。住房城乡建设部和中国建设银行《关于推进商业金融支持小城镇建设的通知》（建村〔2017〕81号）文件规定：一是加大信贷支持力度，中国建设银行将统筹安排年度信贷投放总量，加大对小城镇建设的信贷支持力度。对纳入全国小城镇建设项目储备库的推荐项目，予以优先受理、优先评审和优先投放贷款。二是做好综合融资服务，充分发挥中国建设银行集团全牌照优势，帮助小城镇所在县（市）人民政府、参与建设的企业做好融资规划，提供小城镇专项贷款产品。根据小城镇建设投资主体和项目特点，因地制宜提供债券融资、股权投资、基金、信托、融资租赁、保险资金等综合融资服务。三是创新金融服务模式，中国建设银行将在现有政策法规内积极开展金融创新。探索开展特许经营权、景区门票收费权、知识产权、碳排放权质押等新型贷款质押方式。探索与创业投资基金、股权基金等开展投贷联动，支持创业型企业发展。据了解，住房城乡建设部与建设银行总行签署了《共同推进小城镇建设战略合作框架协议》，建立了部、行工作会商制度，为小城镇建设创造良好的政策环境和融资环境。建行公司业务部相关人士表示，基于支持特色小镇建设的政策，建行将推出至少1000亿元左右意向融资额度。

上述政策文件对我国康养小镇建设开发贷款融资提供了基本的政策指引。

二、发行债券和产业基金模式

在康养小镇建设中,《国务院关于促进健康服务业发展的若干意见》(国发〔2013〕40号)鼓励金融机构按照风险可控、商业可持续原则加大对健康服务业的支持力度,创新适合健康服务业特点的金融产品和服务方式,扩大业务规模。积极支持符合条件的健康服务企业上市融资和发行债券。鼓励各类创业投资机构和融资担保机构对健康服务领域创新型新业态、小微企业开展业务。

产业投资基金是康养小镇的一个重要的融资途径,部分项目会由产业投资基金直接牵头开展并深度参与项目开发。对基金发起方而言,除社会资本、金融机构外,地方政府也可发起设立引导基金。上述文件(国发〔2013〕40号)指出:政府引导、推动设立由金融和产业资本共同筹资的健康产业投资基金。创新健康服务业利用外资方式,有效利用境外直接投资、国际组织和外国政府优惠贷款、国际商业贷款。

地方政府也积极推进产业基金支持康养小镇建设,比如《山东省新兴产业发展引导基金管理实施细则的通知》(鲁财基金〔2016〕9号)决定:由省政府出资设立产业发展引导基金,推动新兴产业发展。在地方政府产业引导基金的支持下,部分社会资本方可以有机会参与到康养小镇的建设的融资环节。江苏省《关于培育创建江苏特色小镇的指导意见》明确对特色小镇建设的专项支持政策,创新特色小镇建设投融资机制,激发市场主体活力,推进政府和社会资本合作,鼓励利用财政资金撬动社会资金,共同发起设立特色小镇建设基金。鼓励金融机构加大金融支持力度。支持特色小镇发行企业债券、项目收益债券、专项债券或集合债券用于公用设施项目建设。

三、PPP模式

如前所述,康养小镇建设采取PPP模式,可以缓解地方政府财政压力、开拓融资渠道、拉动地方经济增长等。一方面，政府依法合规引进综合实力较强的社会资本（包括金融资本，下同）参与康养小镇建设。参与的社会资本一般具有较强资金实力、技术实力，管理经验也丰富，能够提高康养小镇建设的整体风险控制能力。另一方面，PPP模式的初衷是在项目的开始阶段就引入社会资本，社会资本可以以自身先进的技术和管理经验，对项目本身的相关风险进行甄选和识别，进而通过行之有效的手段管控风险。

政府以PPP模式引进社会资本建设和运营康养小镇，主要合作方式为以康养小镇项目的建设和运营为合作载体，引进有资金、技术和运营实力的社会资本参与特色小镇的规划、设计、建设和运营，从而实现政府建设康养小镇的目的，同时为参与康养小镇项目的社会资本带来一定的投资回报。

2016年12月，国家发展改革委发布《关于实施"千企千镇工程"推进美丽特色小（城）镇建设的通知》，指出："千企千镇工程"是根据"政府引导、企业主体、市场化运作"的新型小（城）镇创建模式，搭建小（城）镇与企业主体有效对接平台，引导社会资本参与美丽特色小（城）镇建设，促进镇企融合发展、共同成长。

2017年12月，国家发展改革委、国土资源部、环境保护部、住房城乡建设部等4部委联合发布《关于规范推进特色小镇和特色小城镇建设的若干意见》，指出：要厘清政府与市场边界。各地区要以企业为特色小镇和小城镇建设主力军，引导企业有效投资、对标一流、扩大高端供给，激发企业家创造力和人民消费需求。鼓励大中型企业独立或牵头打造特色小镇，培育特色小镇投资运营商，避免项目简单堆砌和碎片化开发。

四、专项建设基金、财政补贴

为了支持包括康养小镇在内的特色小镇建设，国家和地方政府先后出台了多项资金支持政策，主要是专项建设基金和财政补贴或返还等政策优惠。

住房城乡建设部、国家发展改革委、财政部《关于开展特色小镇培育工作的通知》（建村〔2016〕147号）中明确提出："国家发展改革委等有关部门支持符合条件的特色小镇建设项目申请专项建设基金，中央财政对工作开展较好的特色小镇给予适当奖励。"

《关于培育创建江苏特色小镇的实施方案》（苏发改经改发〔2017〕201号）明确规定："对纳入省级创建名单的特色小镇，在创建期间及验收命名后累计3年内，每年考核合格后给予200万元奖补资金。将列入省级创建名单的特色小镇符合要求的项目，纳入相关引导资金补助范围。"

《浙江省人民政府关于加快特色小镇规划建设的指导意见》（浙政发〔2015〕8号）规定："特色小镇在创建期间及验收命名后，其规划空间范围内的新增财政收入上交省财政部分，前3年全额返还、后2年返还一半给当地财政。"

《福建省人民政府关于开展特色小镇规划建设的指导意见》（闽政〔2016〕23号）中规定："对纳入省级创建名单的特色小镇，在创建期间及验收命名后累计5年，其规划空间范围内新增的县级财政收入，县级财政可以安排一定比例的资金用于特色小镇建设。"

除了上述地方之外，甘肃省、河北省、重庆市等多地政府也出台了相关政策文件，明确对特色小镇创建提供不同程度的政策优惠。

康养小镇 PPP 项目融资相关主体

在康养特色小镇项目实施过程中，其中必然会包含基础设施和公用事业的建设及运营，而此类项目的融资又成为康养小镇项目能否落地实施的关键。通常来说，康养小镇 PPP 项目融资相关主体有政府、社会资本等。

一、政府

（一）政府在 PPP 项目中的角色定位

政府在 PPP 项目中处于主导地位，是 PPP 项目合同的主体。政府在 PPP 项目中同时承担两种角色：一是作为公共事务的管理者，政府负有向公众提供优质且价格合理的公共产品和服务的义务，承担 PPP 项目的规划、采购、管理、监督等行政管理职能；二是作为公共产品或服务的购买者（或者购买者代理人），政府基于 PPP 项目合同的约定行使权利、履行义务。

（二）政府在 PPP 项目融资过程中的义务

PPP 项目的融资主体虽然不是政府，但政府在 PPP 项目融资中也有义务：一是为 PPP 项目融资提供必要的协助，提供 PPP 项目跨年度财政支出责任已纳入中期财政规划文件，为项目融资提供增信；二是承担必要的投融资义务，主要是 PPP 项目全生命周期过程的财政支出责任，主要包括股权投资、运营补贴、风险承担、配套投入等。具体来说，股权投资支出责任是指在政府与社会资本共同组建 PPP 项目公司的情况下，政府承担的股权投资支出责任。如果社会资本单独组建项目公司，则政府不承担股权投资支出责任。运营补贴支出责任是指在项目运营期间，政府承担的直接付费责任。不同付费模式下，政府承担的运营补贴支出责任不同。政府付费模式下，政府承担全部运营补贴支出责任。可行性缺口补助模式下，政府承担部分运营补贴支出责任。使用者付费模式下，政府不承担运营补贴支出责任。风险承担支出责任是指政府承担风险带来的财政或有支出责任。通常，由政府承担的法律风险、政策风险、最低需求风险以及因政府方原因导致项目合同终止等突发情况，会产生财政或有支出责任。配套投入支出责任是指政府提供的项目配套工程等其他投入责任，通常包括土地征收和整理、建设部分项目配套措施、完成项目与现有相关基础设施和公用事业的对接、投资补助、贷款贴息等。配套投入支出应依据项目实施方案合理确定。

二、PPP 项目公司

社会资本是指已建立现代企业制度的境内外企业法人。签订 PPP 项目合同的社会资本主体，应为符合条件的国有企业、民营企业、外商投资企业、混合所有制企业或其他投资经营主体，但本级人民政府下属的政府融资平台公司及其控股的其他国有企业（上市公司除外）不得作为社会资本方参与本级政府辖区内的PPP项目。

在大多数的PPP项目中，社会资本通常不会直接作为PPP项目的实施主体，而会专门针对该项目成立项目公司，作为PPP项目合同及项目其他相关合同的签约主体，负责项目具体实施。

项目公司是依法设立的自主运营、自负盈亏的具有独立法人资格的经营实体。项目公司可以由社会资本（可以是一家企业，也可以是多家企业组成的联合体，实践中一般不超过3家企业）出资设立，也可以由政府和社会资本共同出资设立。但是，政府的出资比例一般会有限制，即政府在项目公司中的持股比例应当低于50%且不具有实际控制力及管理权。

实践中，政府承担的股权支出责任，即在项目公司中的股权比例一般不低于5%，政府会选定出资代表持有项目公司股权。虽然政府出资代表持有股权比例很小，但在《公司章程》中往往会约定政府出资代表的"一票否决权"事项。政府通过"一票否决权"来监管项目公司的运营符合社会公共利益。"一票否决权"意味着，项目公司的重大事项的决策须经全体股东表决一致才能通过，否则，股东会决议不能生效[①]。

三、融资方

融资方大多指的是金融机构，当然也包括产业基金。PPP项目的金融机构包括商业银行、进出口信贷机构、多边金融机构（如世界银行、亚洲开发银行、亚洲基础设施投资银行等）。根据项目规模和融资需求的不同，融资方可以是一两家金融机构，也可以是多家银行或机构组成的银团。融资方与项目公司合作的依据主要有两类，

---

① 理论基础来源于《中华人民共和国合同法》第四十三条之规定，股东会的议事方式和表决程序，除本法另有规定外，由公司章程规定。股东会会议做出修改公司章程、增加或减少注册资本的决议，以及公司合并、分立、解散或者变更公司形式的决议，须经代表三分之二以上表决权的股东通过。

即贷款资料与政府承诺函。

（一）项目公司向银行贷款提交资料

金融机构为 PPP 项目融资属于债权融资模式。实践中，为 PPP 项目融资的大多数金融机构为商业银行。向商业银行申请融资时需要提交融资资料。项目公司在申请商业银行贷款时，向银行提交包括但不限于以下几项资料。图 5-1 为 PPP 项目融资结构图。

1. 公司背景资料部分

① 借款申请书（原件）。

② 申请借款的有权机构（董事会、股东会等）决议（原件）。

③ 有权机构成员名单及签字样本（原件）。

④ 经年审的营业执照（注册登记证明）正副本，现在是三证合一证照。

⑤ 公司章程。

⑥ 注册验资报告。

⑦ 基本结算账户开户许可证。

⑧ 机构信用代码证。

⑨ 法定代表人证明书（原件）。

⑩ 法定代表人：身份证、签字样本（原件）、履历。

⑪ 财务负责人：身份证、签字样本（原件）、履历。

⑫ 贷款卡复印件（附卡号、查询密码）及查询授权书（原件）。

⑬ 股东或法人个人征信查询授权书。

⑭ 借款申请人的基本资料（电子文档）。

2. 业务背景资料部分

① 合同履行证明（设计合同、施工合同、监理合同等）。

② 付款凭证（自有资金投入证明、付款凭证的复印件）。

③ 增值税发票。

④ 项目基本情况及项目现状。

3. 项目授信业务背景资料（申报项目贷款时提供）

① 客户自筹和其他建设资金筹措方案及其资金来源已落实的证明材料。

② 政府及相关部门批文。

③ 城市规划部门关于城市规划的批准文件。

④ 国土资源管理部门关于项目用地的批准文件（土地出让合同及缴纳土地出让金依据）。

⑤ 建设环境保护方案及环保部门的审批通过的批复文件。

4. 项目建设的有关证件照

① 国有土地使用权证。

② 建设用地规划许可证。

③ 可行性研究报告（电子文档）。

④ 项目其他背景资料 项目可行性研究报告批复文件。

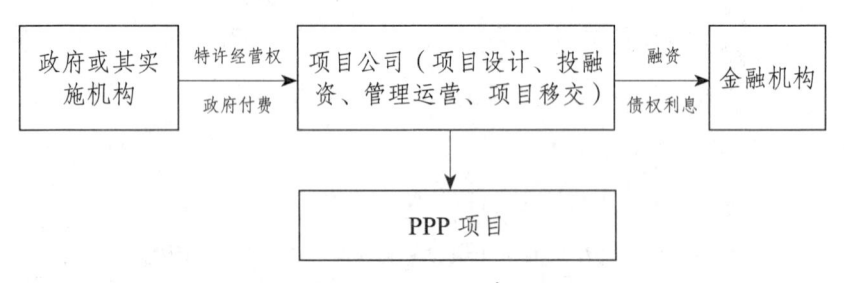

```
┌──────────┐ 特许经营权  ┌──────────────┐ 融资    ┌────────┐
│政府或其实 │──────────→│项目公司（项目│────────→│        │
│施机构    │            │设计、投融资、│         │金融机构│
│          │←──────────│管理运营、项目│←────────│        │
└──────────┘  政府付费  │移交）        │ 债权利息└────────┘
                        └──────┬───────┘
                               │
                               ↓
                        ┌──────────────┐
                        │   PPP 项目   │
                        └──────────────┘
```

图 5-1 PPP 项目融资结构图

（二）政府承诺函

政府承诺函对于金融机构来说，就像是一剂兜底良药，使得金融机构敢于向相关融资主体提供资金。但是，在现有监管政策下，金融机构尤其是商业银行在为 PPP 项目融资时不能向地方政府索要、接受为融资主体融资而出具的承诺函，该事项为《关于进一步规范地方政府举债融资行为的通知》（财预〔2017〕50 号）文件所禁止，2016 年、2017 年的地方政府撤函事件在 PPP 行业引起了较大的影响。

政府承诺函又称安慰函，是指政府或其职能部门向金融机构出具的承诺文件。政府承诺函细分之下又分为具有担保性质的承诺函和非具有担保性质的承诺函，如图5-2所示。

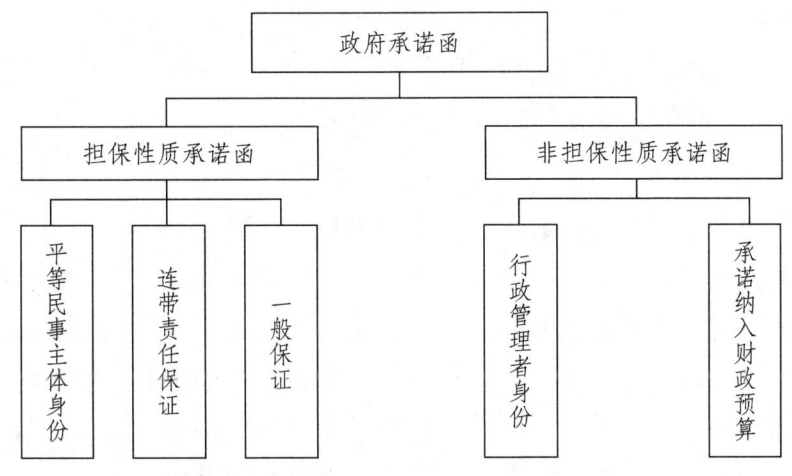

图 5-2 政府承诺函分类

1. 担保性质承诺函

在承诺函中，政府明确担保责任。政府明确：若融资主体不予偿还到期债务时，由政府作为保证人承担还款责任，实际上是担保法上的保证。《中华人民共和国担保法》(以下简称《担保法》)第六条本法所称保证，是指保证人和债权人约定，当债务人不履行债务时，保证人按照约定履行债务或者承担责任的行为。担保合同主体身份从民法视角来看，合同主体一般是平等民事主体。

2. 非担保性质的承诺函

虽然政府或其职能部门向金融机构出具了《承诺函》，但承诺函的内容不足以明确在债务人逾期不偿还融资款项时，政府承担保证责任，则《承诺函》为非担保性质的承诺函。

3. 纳入预算《承诺函》的法律效力

政府及其职能部门以民事主体身份出具《承诺函》的法律效力，

按照《中华人民共和国预算法》(以下简称《预算法》)规定：预算的批准、调整、决算、预算执行情况的报告及报表由地方各级人民代表大会、人大常委会批准。政府及其职能部门承诺纳入预算，违反《预算法》规定，属于无效行为。

政府及其职能部门以行政管理者身份出具《承诺函》的法律效力，因政府及其职能部门无纳入预算的批准权，同样违反《预算法》之规定，属于无效行为。

4. 政府及其所属部门能否出具具有担保性质的承诺函

《预算法》第三十五条第四款规定：除法律另有规定外，地方政府及其所属部门不得为任何单位和个人的债务以任何方式提供担保。《担保法》第八条规定：国家机关不得作为保证人提供担保。《中华人民共和国合同法》第五十二条规定，有下列情形之一的，合同无效：其第（五）项规定，违反法律、行政法规的强制性规定。

5. 法律后果

国家机关为保证人时，因违反效力性强制性规定，担保合同当然无效。但是，无效不等于不承担责任，符合《担保法》司法解释第三条、第七条、第八条规定的，国家机关承担相应的民事清偿责任，如图5-3所示。

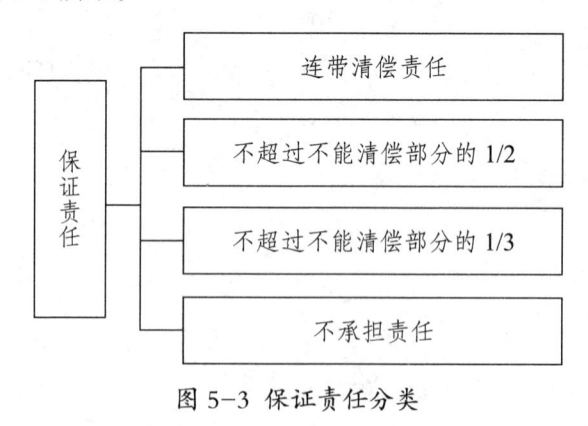

保证责任：
- 连带清偿责任
- 不超过不能清偿部分的1/2
- 不超过不能清偿部分的1/3
- 不承担责任

图5-3 保证责任分类

康养小镇：社会资本遭遇融资难

"兵马未动，粮草先行"。

要打造康养小镇，资金问题是摆在地方政府面前的头等大事。与一般单体PPP项目相比，康养小镇PPP项目投资规模更大，通常需要三五十亿元。康养小镇建设和运营都需要大量资金，且不是三五千万元就能搞定的。一个康养小镇的启动资金最少也需要三亿元以上。因此，业内人士指出，如果要投资康养小镇项目，没有相当的资金最好别碰。

大体而言，康养小镇建设投融资模式主要有两大类：一类是政府以平台公司的模式投资建设，但随着2014年10月2日国务院发布的《国务院关于加强地方政府性债务管理的意见》（国发〔2014〕43号，以下简称"43号文"）明确提出："剥离融资平台公司政府融资职能，融资平台公司不得新增政府债务"的规定，"43号文"对地方债务开启了严监管模式,使地方政府融资能力大幅受限。另一类是则是政府与社会资本以 PPP 模式合作。

在国家大力推广 PPP 模式的当下,我国康养小镇建设主要以 PPP 模式操作,即地方政府与社会资本合作,社会资本或 SPV 项目公司负责康养小镇的投融资、建设和运营。

一、康养小镇 PPP 项目推广情况

当下,地方政府需要通过特色小镇和 PPP 模式进行基础设施项目和公共服务项目建设,从而缓解政府财政压力、拉动经济增长,解决劳动力就业等。与此同时,各类怀抱巨资的社会资本也在四处寻找投资机会。因此,地方政府与具有资金实力、技术实力和管理能力的社会资本合作乃双赢之举。然而,目前我国特色小镇的推广还处于起步阶段,康养小镇的建设亦刚刚兴起。数据显示,在目前我国各类特色小镇推广中,仍以文旅小镇为主,康养小镇的建设还不是主流。此外,从目前全国各地公布的 PPP 项目情况来看,只有 10% 到 20% 左右的项目签订了合同。换句话说,在 PPP 火热的背景背后却是 PPP 项目落地情况的不尽如人意。

二、康养小镇 PPP 项目面临融资难

康养小镇 PPP 项目推进力度不大,究其原因,除了与康养小镇和 PPP 相关的法律法规不健全、康养小镇 PPP 项目风险较大、回报周期长外,还有一个重要的原因,那就是社会资本本身面临资金难的问题。

通常情况下,一个康养小镇 PPP 项目,政府与社会资本合作期限长达 10 年至 30 年,有的项目合作期限甚至更久。正如专业人士所言,PPP 就像一场足球赛,上半场通过科学规范、充分竞争的方式选择一个最有能力的资本项目人,下半场最关键的要解决融资的

问题。然而，现实却是很多包括康养小镇在内的特色小镇PPP项目在上半场"踢"的很漂亮，却往往在"下半场"迷失。笔者在实践中发现，国内部分优质的社会资本尤其是实力强大的民营资本在康养小镇PPP领域"攻城拔寨"，且以其雄厚的实力赢得了地方政府的信任。但是，在签订康养小镇PPP框架协议或项目合同后，社会资本由于融资难，很难再在项目上有所作为，导致地方政府和社会资本都进退两难：继续合作，则项目融资难，继续进行下去无疑面临巨大的投资风险；而一旦放弃项目，则意味着地方政府和社会资本前期的努力付诸东流，造成巨大的浪费（包括时间成本和经济成本），且会造成不良的社会影响。

造成康养小镇PPP项目融资难的局面有两大方面的原因：一是银行本身面临资金错配的问题，二是社会资本融资成本高的问题。

（一）银行本身面临资金错配

调研发现，与其他PPP项目一样，康养小镇PPP项目中的社会资本主要的融资方式仍是以向金融机构银行贷款为主，但向银行贷款却面临着资金错配的难题。由于康养小镇PPP项目合作期限长，通常为10年到30年，所以贷款期限长。而商业银行中长期贷款一般为5年，很少有贷款期限长达30年的。这样一来，银行就存在资金错配的问题。分析认为，从商业银行自身的资金结构来看，商业银行介入PPP项目，就必须考虑储蓄存款的平均期限问题。在国家宏观经济环境、经济基本形势和银根政策等各类主要因素都不变的条件下，商业银行尚可以用不断的短期流量资金来填补长期的投入。然而，只要其中一个因素发生变化（比如银根收紧、存款准备金率①提升），商业银行的风险就会暴露无遗，甚至产生系统性的金融风险。因此，银行对PPP项目融资非常小心谨慎，重要原因还在于期限错配。此外，商业银行参与康养小镇PPP项目，还面临其他挑战。一是盈利挑战，康养小镇PPP项目中商业银行的合作方多为政府部门或国有背景的企业，商业银行在项目谈判中的议价能力相对较弱。二是风险挑战，我国康养小镇和PPP均处于起步阶段，商业银行在既有的市场风险之外，还需承担着各类风险。

康养小镇PPP项目社会资本面临着法律和政策变更、政府信用、工程建设等方方面面的风险，而作为贷款主体的商业银行自身也面临着很大的风险挑战。具体来说，过去的融资主体一般为政府融资平台（比如各地的城投公司），还款来源一般都有地方财政兜底，且还有土地抵押担保，商业银行的风险相对可控。在PPP模式下，融资主体由代表政府的城投公司变成了社会资本或者PPP项目公司（多数PPP项目需要设立PPP项目公司，和社会资本是两个独立的法人实体）。根据国家PPP法规政策，地方政府不得为项目本身设置抵押、担保和财政兜底。在这种情况下，商业银行的风险相比以往更大，贷款决策更为谨慎，需要重新设计风险评估体系以防范可能发生的风险。因此，投资康养小镇PPP项目的社会资本无法像地方融资平台那样快速地获得银行贷款。

---

① 存款准备金是指金融机构为保证客户提取存款和资金清算需要而准备的，是缴存在中央银行的存款，中央银行要求的存款准备金占其存款总额的比例就是存款准备金率。2011年以来，央行以每月一次的频率，连续四次上调存款准备金率。2011年6月14日，央行宣布上调存款准备金率0.5个百分点，这也是央行年内第六次上调存款准备金率。2011年12月，央行三年来首次下调存款准备金率；2012年2月，存款准备金率再次下调。2015年2月5日起，央行再次下调金融机构人民币存款准备金率0.5个百分点。2015年4月20日，央行再次下调人民币存款准备金率1个百分点。中国人民银行决定，自2016年3月1日起，普遍下调金融机构人民币存款准备金率0.5个百分点。2018年4月17日，中国人民银行决定，从4月25日起，下调部分金融机构人民币存款准备金率1个百分点，这些金融机构将使用降准释放的资金偿还其所借央行的中期借贷便利（MLF）。

(二)社会资本融资成本高

出于自身风险因素考虑,银行通常会要求社会资本对康养小镇PPP项目贷款进行抵押、保证等。在自身资产无法满足银行抵押、保证等要求时,社会资本只得寻求担保公司的帮助,这无疑增加了社会资本的资金成本。

实践中,康养小镇PPP项目社会资本除非能够申请到政策性的资金来源,一般情况下的综合融资成本都在7%上下。但是,PPP项目"非暴利"的特点导致其回报率最高不过8%,且在激烈的PPP市场竞争和政府财政压力下,投资回报率有下滑的趋势,有的项目投资回报率只有6%甚至更低。在不考虑诸多风险的情况下,社会资本的盈利水平极低甚至没有盈利,社会资本因此失去参与PPP项目的原动力。

三、康养小镇建设需要资本引领

近两年,伴随着国家大力推广特色小镇,康养小镇也逐渐在全国各地落地。

实践发现,除了国家从顶层设计层面大力推广特色小镇之外,各类资金支持、社会资本的积极参与也是不可或缺的重要因素。说到底,我国要大力推广康养小镇,需要资本的积极引领。

从康养小镇自身来看,康养小镇以健康、养老、养生产业为主导,集产业、人文、旅游、社区于一体,投资规模通常达三五十亿元。从国家宏观经济层面看,康养小镇是改善民生、拉动地方经济建设的重要抓手,也是推动我国新型城镇化建设的重要载体。因此,无论是中央政府,还是地方政府,都对康养小镇十分重视。社会资本也对老龄化社会急需、前景广阔的康养小镇充分期待。因此,在笔者操作的康养小镇项目,无论是前期筹划还是后期规划设计,康养小镇都被描绘得如梦如画,对健康、养老、养生群体充满了吸引力。

然而，无论康养小镇规划多么宏伟壮丽，设计多么引人入胜，项目关键还是要落地，要能够产生实际的经济和社会效益。

从笔者近几年的调研情况来看，虽然康养小镇"看起来很美"，但实际推广的进度并不尽如人意，尤其是在部分地区"只听雷声不见雨下"。那么，到底是什么原因使得康养小镇推广进度缓慢呢？究其原因，关键是缺乏有效的投融资模式。进一步而言，是缺乏充足的资金保障。

康养小镇 PPP 项目投融资方式

如前所述，康养小镇 PPP 项目投资规模大，投资动辄几十亿元甚至上百亿元。对一般社会资本而言，利用自有资金投资几十亿元上百亿元的康养小镇 PPP 项目不太现实。相当多的社会资本对康养小镇望而却步的原因就是缺乏足够的资金，很多康养小镇 PPP 项目遭遇搁浅的原因也是资金不足。因此，通过金融创新撬动万亿社会资本成为当下我国推动特色小镇和 PPP 必须解决的问题。如前所述，康养小镇 PPP 项目中，社会资本的资金来源主要包括自有资金、商业银行信贷资金、开发性银行政策资金、各类基金（主要是专项基金或产业基金）、信托、证券、ABS 资产证券化等。

一、银行信贷方式

众所周知，相比欧美发达国家，我国目前的资本市场还不成熟。

因此，康养小镇PPP项目中，社会资本的融资方式仍以间接融资为主，即社会资本的融资渠道主要是银行业金融机构。实践操作中，无论是从政策支持层面，还是从银行自身的业务转型而言，目前的政策性银行、开发性银行、商业银行都在为康养小镇PPP项目建设提供资金支持。

笔者认为，银行业金融机构之所以对康养小镇PPP项目比较看好，除了国家政策大力支持外，关键的因素还是在于康养小镇项目本身的特点，即我国已经进入老龄化社会，再加上近些年来我国经济快速发展，人们对健康养生的需求越来越旺盛，康养项目需求量大、现金流稳定、行业发展前景广阔。几重因素叠加，对金融机构而言康养小镇属于优质的项目。但是，在具体的融资操作过程中，由于康养小镇PPP项目投资规模大、盈利不高，在支持社会资本方面需要银行业金融机构提供优惠利率。因此，银行需要创新贷款产品设计。

报道称，针对PPP模式的主要运作方式，某国有商业银行有针对性地创新了"BOT、BOO贷款""O&M、MC贷款""TOT、ROT贷款"等贷款产品，分别用于满足PPP模式项目建设、运营以及存量基础设施和公共服务再融资需求；同时，对应PPP项目识别、准备、采购、执行、移交五个阶段，配置了公司、投行、结算、托管、国际、个人业务等领域共45个贷款产品。

二、基金方式

基金是支持康养小镇PPP项目的一种重要金融工具，主要有产业投资基金、政府引导基金，进一步细化还有PPP产业基金等。通过设立PPP基金，运用规模化及专业化的运营方式降低康养小镇PPP项目融资成本，可以打破传统融资方式的瓶颈。

2015年以来，政府相继出台各种文件引导基金支持基础设施和公用事业建设。2015年4月，国务院发布《基础设施和公用事业特许经营管理办法》，允许对特许经营项目开展预期收益质押贷款，鼓励以设立产业基金等形式入股提供项目资本金，支持项目公司成立私募基金，发行项目收益票据、资产支持票据、企业债、公司债等拓宽融资渠道。2015年全国两会的政府工作报告指出：大幅放宽民间投资市场准入，鼓励社会资本发起设立股权投资基金。政府采取投资补助、资本金注入、设立基金等办法，引导社会资本投入重点项目。2015年5月，国务院办公厅转发财政部、发展改革委、人民银行《关于在公共服务领域推广政府和社会资本合作模式指导意见》的通知（国办发〔2015〕42号），特别指出：中央财政出资引导设立中国政府和社会资本合作融资支持基金，作为社会资本方参与项目，提高项目融资的可获得性。鼓励地方政府在承担有限损失的前提下，与具有投资管理经验的金融机构共同发起设立基金，并通过引入结构化设计，吸引更多社会资本参与。2015年12月，财政部下发《关于财政资金注资政府投资基金支持产业发展的指导意见》（财建〔2015〕1062号），规范设立运作支持产业的政府投资基金，财政资金注资设立政府投资基金支持产业，要坚持市场化运作、专业化管理，以实现基金良性运营。基金的设立和运作，应当遵守契约精神，依法依规推进，促进政策目标实现。

在我国大力推广PPP模式和康养小镇的大背景下，通过金融创新，建立PPP产业基金，是支持我国康养小镇PPP发展的重要手段之一，也是推动我国康养小镇PPP项目快速落地的重要路径之一。具体来说，PPP产业投资基金的主要模式主要有三种。一是由省级政府出资成立引导基金，再以此吸引银行、基金、信托等金融机构资金合作，成立产业基金母基金。各地申报的项目经过金融机构审核后，母基金做优先级，地方财政做劣后级承担主要风险。二是由金融机构联合地方国企发起成立的有限合伙基金，一般由金融机构做LP优先级，地方国企或平台公司做LP的次级，金融机构指定的股权投资管理人做GP。这种模式下，整个融资结构以金融机构为主导。三是由有建设运营能力的实业资本发起成立产业投资基金，在与政府达成框架协议后，通过联合银行等金融机构成立有限合伙基金对接PPP项目。

调研发现，各地产业基金入股PPP项目日渐增多，许多地方政府正借力产业基金吸引各种社会资本投入PPP项目。重庆、河南、贵州、山东、四川、云南、新疆、山西、江苏、安徽、河北等地先后公布地方PPP基金方案。统计显示，自2014年我国大力推广PPP以来，多支PPP产业基金先后成立。比如2015年9月，财政部联合中国建设银行等10家机构共同发起设立中国政府和社会资本合作（PPP）融资支持基金，基金总规模1800亿元。2016年10月，由中国开发性金融促进会等单位牵头发起的"中国特色小镇投资基金"正式启动。该投资基金采取母子基金的结构，母基金总规模为500亿元，未来带动的总投资规模预计将超过5000亿元，主要投资于包括康养小镇在内的各类特色小镇。

统计数据显示，2016年至2018年，浙江省将投资5000亿元建设100个特色小镇，加上配套投资，总投资将超过1万亿元。在2016年10月26日的浙江省特色小镇建设及PPP项目推介会上，24个涉及特色小镇和PPP的项目现场签约。其中的20个PPP项目总投资852亿元，引入社会资本766亿元。对于特色小镇的资金来源，浙江省政府已设立了总规模200亿元的省级产业基金，浙商还成立了浙民投、浙商成长基金等组织。浙江省政府力争用3年时间在全省建立1000亿元以上的政府产业基金，通过与民间资本、金融资本结合，撬动1万亿元左右的社会资本。

三、信托方式

在多种金融工具中，信托也是一种重要的PPP项目融资方式。

相比较而言，信托优势比较明显，比如期限灵活、审批迅速、资金匹配度好等。一方面，信托公司可以凭借丰富的股权投资经验优化康养小镇PPP项目的各个阶段。另一方面，信托公司可以利用其在金融市场的优势为康养小镇PPP项目公司提供更为完善的金融解决方案。具体而言，信托的优势为：一是延续信政合作业务；二是直接控制优质资产及长期稳定的现金流；三是推动信托融资平台业务转型；四是发掘潜在机会，探索业务创新；五是降低募资成本，助推打破刚性兑付。2015年4月，国务院发布《基础设施和公用事业特许经营管理办法》，在完善特许经营价格或收费机制、信贷融资支持方面给出了新举措。当前，作为基建领域和公共服务领域最为重要的融资渠道之一，信托公司开始发力PPP业务。

需要指出的是，目前我国在康养小镇PPP项目的推进方面，信托虽然优势比较明显，但在实践推进中还比较缓慢。

四、发行债券方式

发行债券是政府和社会资本直接融资的一种有效金融工具。

近几年来，国内有不少PPP项目融资采取发行债券的方式。鉴于康养小镇PPP项目投资规模大、建设和运营周期长的特点，多数情况下，社会资本需要对外融资。发行债券成为支持社会资本建设康养小镇的重要金融工具。

五、资产证券化方式

通常情况下，社会资本在投资康养小镇PPP项目后，会考虑自身的退出。鉴于包括康养小镇在内的PPP项目合作周期长达二三十年，社会资本会重点考虑退出：一是股权回购或转让，指在康养小镇PPP项目公司履约完毕或阶段性履约（在康养小镇PPP项目合同中有明确约定）后，由政府、社会资本或其他投资者回购股权，或将股权转让给政府、社会资本或其他投资者；二是资产证券化，指康养小镇PPP项目公司运行过程中，社会资本通过资本市场实现退出。关于资产证券化支持康养小镇PPP项目，后文有专门论述。

  总之，要顺利推进康养小镇PPP项目，需要各类金融机构的大力支持。在国家大力推广特色小镇与PPP的大背景下，包括银行、基金、信托、证券公司等各类金融机构都将目光瞄准特色小镇PPP项目。其中，前景看好的康养小镇PPP项目、文旅小镇PPP项目、战略性新兴产业小镇PPP项目更是受到各类金融机构的青睐。

资产证券化支持康养小镇 PPP 项目

资产证券化是通过在资本市场和货币市场发行证券筹资的一种直接融资方式，是指以基础资产未来所产生的现金流为偿付支持，通过结构化设计进行信用增级，在此基础上发行资产支持证券的过程。

在我国大力推广基础设施和公共服务领域 PPP 模式的形势下，这两大领域正在形成一个数十万亿规模的 PPP 资产池。财政部 PPP 中心公布的 2017 年度全国 PPP 项目信息情况报告显示，截至 2017 年 12 月末，全国 PPP 综合信息平台收录到管理库和储备清单的 PPP 项目共有 14424 个，总投资额为 18.2 万亿元。其中，管理库项目 7137 个，储备清单项目 7287 个。

一、PPP 项目资产证券化特点

研究发现，PPP 项目与资产证券化具有天然的一致性。一方面，在现有的十几万亿规模的 PPP 资产池中，不乏优质且现金流稳定的基础设施资产。而具有稳定现金流的基础设施和公共服务项目，正是资产证券化的理想标的。另一方面，PPP 项目投资规模大、盈利不高、合作期限长，因此需要大规模、低成本和长期限的资金，而资产证券化的特点是成本低、期限长，这些特点正好与 PPP 项目所需要的资金特征匹配。

具体而言，PPP 项目资产证券化的特点有 5 个。一是从收益来看，PPP 项目资产证券化是一种类固收产品，优先级收益相对稳定，次级享有浮动收益，中间级收益居中。二是从期限来看，PPP 项目的期限为 10 年到 30 年，资产支持证券期限一般较长，也可达 10 年到 30 年。三是从基础资产范围来看，PPP 项目资产证券化可分为使用者付费模式下的收费收益权（如供水、供电、供气、供暖等经营性项目）、"使用者付费 + 可行性缺口补助"模式下的收费收益权（如污水处理、垃圾处理等准经营性项目）和政府付费模式下的财政补贴（如河道治理、公园等非经营性项目）。四是从现金流来看，城市供水、供暖、供气、污水和垃圾处理等项目收费机制透明，一般都具有稳定的现金流。五是从风险看，公共基础设施项目资产良好，政府和社会资本合理分配风险，PPP 项目整体属于较为安全的资产。

二、我国加快 PPP 资产证券化进程

分析指出，针对我国 PPP 项目融资以及项目资本流动性不足等问题，应大力发展 PPP 项目资产证券化，将 PPP 项目资产证券化打造成加速 PPP 项目落地和 PPP 模式发展的重要引擎。

近年来，我国 PPP 资产证券化不断加速。

2014 年 11 月，国务院发布的《关于创新重点领域投融资机制鼓励社会投资的指导意见》（国发〔2014〕60 号）提出：推动铁路、公路、机场等交通项目建设企业应收账款证券化。

2016年7月，中共中央、国务院印发《关于深化投融资体制改革的意见》（中发〔2016〕18号），指出：依托多层次资本市场体系，拓宽投资项目融资渠道，支持有真实经济活动支撑的资产证券化，盘活存量资产，优化金融资源配置，更好地服务投资兴业。

2016年12月，国家发展改革委、中国证监会联合印发《关于推进传统基础设施领域政府和社会资本合作（PPP）项目资产证券化相关工作的通知》（发改投资〔2016〕2698号），鼓励进行资产证券化的PPP项目，要求各省级发展改革委推荐拟进行证券化融资的传统基础设施领域PPP项目。

2017年2月，中国证券投资基金业协会发布了《关于PPP项目资产证券化产品实施专人专岗备案的通知》。针对符合2698号文要求的PPP项目资产证券化产品，中国证券投资基金业协会将在依据《资产支持专项计划备案管理办法》的备案标准不放松的前提下即报即审，提升备案效率。同日，上海证券交易所、深圳证券交易所同时发布了《关于推进传统基础设施领域政府和社会资本合作（PPP）项目资产证券化业务的通知》，提出：对于符合2698号文条件的优质PPP项目资产证券化产品实行"5+3"（5个工作日提出反馈意见，收到反馈后3个工作日明确是否符合挂牌要求）的即报即审措施，提升挂牌效率。

2017年3月，我国首批3个PPP项目资产证券化产品落地，分别为：中信证券—首创股份污水处理PPP项目收费收益权资产支持专项计划（总规模5.3亿元）、华夏幸福固安工业园区新型城镇化PPP项目供热收费收益权资产支持专项计划（总规模7.06亿元）、广发恒进—广晟东江环保虎门绿源PPP项目资产支持专项计划（总规模3.2亿元）。

2017年6月，财政部、中国人民银行、中国证监会联合发布《关于规范开展政府和社会资本合作项目资产证券化有关事宜的通知》

(财金〔2017〕55号），鼓励项目公司开展资产证券化优化融资安排。在项目运营阶段，项目公司作为发起人（原始权益人），可以按照使用者付费、政府付费、可行性缺口补助等不同类型，以能够给项目带来现金流的收益权、合同债权作为基础资产，发行资产证券化产品。探索项目公司股东开展资产证券化盘活存量资产。除PPP合同对项目公司股东的股权转让质押等权利有限制性约定外，在项目建成运营2年后，项目公司的股东可以以能够带来现金流的股权作为基础资产，发行资产证券化产品，盘活存量股权资产，提高资产流动性。支持项目公司其他相关主体开展资产证券化。在项目运营阶段，为项目公司提供融资支持的各类债权人，以及为项目公司提供建设支持的承包商等企业作为发起人（原始权益人），可以合同债权、收益权等作为基础资产，按监管规定发行资产证券化产品，盘活存量资产，多渠道筹集资金，支持PPP项目建设实施。

三、资产证券化支持康养小镇发展

分析认为，能够被证券化的基础资产必须是能够产生持续、稳定的现金流。而从康养小镇PPP项目所涵盖的公共基础设施项目（供水、供暖、供气、污水和垃圾处理、医疗和养老服务设施等）来看，其具有需求刚性、收费机制透明和现金流稳定的特点，符合资产证券化的要求。

资产证券化作为市场化的债务融资工具，不仅可以为康养小镇PPP项目提供再融资，还可以实现康养小镇PPP项目的规范管理。

具体来说，资产证券化对康养小镇PPP项目的意义主要体现在三个方面。一是有利于提高康养小镇PPP项目资产流动性。二是由于资产证券化是通过资本市场融资，属于间接融资，因此受到监管层的严格约束，比如信息公开、程序合法、投资理性，这就要求康养小镇PPP项目的运作模式、风险分配、交易结构、盈利模式等科学合理，从而规范我国康养小镇 PPP 项目，倒逼康养小镇 PPP 项目依法合规运作、保证工程质量、提高运营水平、规范内部管理。三是有利于通过市场机制对康养小镇 PPP 项目的回报率进行合理确定。

总的来说，资产证券化是康养小镇 PPP 项目建设完成进入运营期后进行再融资的理想融资方式。

可以预见：未来，随着我国资产证券化政策的日益完善和成熟，资产证券化将为我国包括康养小镇 PPP 项目在内的特色小镇建设发挥重要的推动作用。

第六章
康养小镇 PPP 项目典型案例

本章导读

浙江桐庐健康小镇的示范意义

某康养小镇项目操作程序

某特色小镇 PPP 项目操作重点

浙江桐庐健康小镇的示范意义

资料显示,桐庐是传承至今的古行政区名,意为桐君老人于桐君山下结庐采药、治病救人。相传,桐君老人是上古时药学家,黄帝的臣下,以擅长本草著称,桐庐在人们心中也成了名副其实的"中医药鼻祖圣地"。

早在2013年,位于富春江畔的浙江省桐庐县地方政府便敏锐地捕捉到健康产业这一时代的脉搏,开始在《富春山居图》[①]的实景地成立富春山健康城,并主打健康服务业。2013年11月,杭州市人民政府批复同意建立"桐庐富春山健康城"。2013年12月,"富春山健康城管委会"正式挂牌成立。2014年8月,桐庐县政府常务会议

---

① 《富春山居图》是元朝书画,画家黄公望为郑樗(无用师)所绘,以浙江富春江为背景,全图用墨淡雅,山和水的布置疏密得当,墨色浓淡干湿并用,极富于变化,是黄公望的代表作,被称为"中国十大传世名画"之一。

审议通过了由浙江省城乡规划设计研究院和浙江省发展规划研究院设计编制的《富春山健康城总体规划》和《富春山健康城发展规划》，规划提出产业融合、产城融合、城乡融合的基本要求，为桐庐县健康产业的发展指明了方向。

作为浙江省首批 37 个特色小镇之一，也是浙江省最早从事健康产业的特色小镇，桐庐健康小镇无论是在浙江省，还是全国，在打造康养小镇方面都具有典型的示范意义。

一、优势资源

桐庐健康小镇背靠大奇山国家森林公园，与桐庐县城无缝对接，是桐庐富春山健康城的核心区块。整个区域自然环境优美，森林覆盖率超过 80%，全年有 340 天空气质量达到或优于二级标准优良天数，PM2.5 浓度年均值低于 35。空气中富含丰富的负氧离子，每立方厘米达到 2578 个，远超国家 6 级标准。区域年平均气温 15 度，水资源达标率为 100%。

二、区位优势

桐庐健康小镇规划建设用地 2.6 平方公里，北至城南路转至杭新景高速，南至大奇山脚，西至规划路转至大奇山路，东至天井坞区块。杭黄铁路桐庐站就设在健康小镇，交通区位优越。

三、产业体系

桐庐健康小镇充分依托区域内优良的生态环境和健康产业基础，以"桐君"国药文化为依托，以健康服务业为核心，做大绘就"健康服务业+"的大文章，打造宜居、宜业、宜养、宜游的健康服务业集聚区。桐庐健康小镇在产业特色方面做足文章，主要涵盖健康养生养老、中医药保健、健康旅游、健康食品、医疗服务、健康管理等多种类型相关联的产业。

桐庐健康小镇产业发展体系为"4+2+X"。其中，"4"是以健康养生（养老）服务、中医药医疗保健服务、健康旅游、健康食品的四大特色产业。"2"是指以医疗服务和健康管理为两大支撑产业。"X"指健康制造、总部经济、物联网、电子商务、文化创意、体育休闲等几大配套产业。

在功能区块方面，桐庐健康小镇一共有三大功能区块：一是核心区，重点集聚健康医疗、健康管理等医疗服务和研发机构；二是配套区，培育壮大保健护理、养生养老、健身休闲等健康服务机构；三是拓展区，提升丰富中药材、保健品、有机农产品、药膳美食等健康药食品产业。

桐庐健康小镇以数个核心项目组成，计划实施项目为5个，总投资额为40亿元。

以著名的江南养生文化村为例，项目总投资10亿元，总规划面积约20万平方米，建筑面积8.6万平方米。项目建设三大模块，分别为：健康管理中心、养生度假中心、国际交流中心，功能定位于养生度假与医疗旅游相结合的国际化医养结合体验中心。其中，健康管理中心是中国中医科学院基础临床研究所中医养生江南健康养生临床基地，设有江南国医馆、睡眠管理中心、国医大师工作室等，以传统中医"治未病"为纲，中西并举，提供体检、问诊、理疗、睡眠监测和干预等专业服务。养生度假中心则设有500个单元的全地暖套房，可提供1000人长短期的养生养老健康促进服务，设有江南健康促进大学、江南瑜伽院、休闲咖啡吧、健身娱乐区、药浴理疗区、开放式书店、生活精选超市、有机果蔬店、儿童游乐园、鲜花铺等，可以满足日常生活的一站式需求，融入酒店式精致服务，享受江南幸福邻里生活。

四、机制灵活

特色小镇的机制是小镇能否成功的关键因素。围绕特色小镇机制"新而活"的特点，桐庐健康小镇充分利用自主投资、混合经营、项目孵化等灵活多样的合作方式，点式供地、资源入股。

五、政策支持

特色小镇需要政策支持，对于桐庐健康小镇，地方政府加大产业扶持力度，比如项目奖励、人才引入等。对企业建立并被批准为市级院士专家工作站的，除享受杭州市一次性50万元到100万元奖励外，给予一次性20万元建站经费。对紧缺的高层次人才，提供100平方米到120平方米、设施完善的人才专项房。企业引进的高级企业经营管理人才，且年龄在55周岁以下，在桐庐首次购买住房的每人可申请享受购房补助20万元。

六、成果明显

专家指出，富春山健康城是推动桐庐经济转型、实现可持续发展的重要产业平台，也是桐庐培育现代城市服务体系、集聚资源要素、发挥区域功能的战略核心资源。

数据显示，桐庐健康小镇成立后仅仅两年时间里，就完成固定资产投入27.16亿元，税收2.02亿元，旅游人数187.6万人次[①]。

---

① 其中，2015年完成固定资产投入11.11亿元，税收0.97亿元，旅游人数90万人次；2016年完成固定资产投入16.05亿元，税收1.05亿元，旅游人数97.6万人次。

某康养小镇项目操作程序

康养小镇是特色小镇的一种类型。所谓康养小镇是指以"健康"为特色小镇开发的出发点和归宿点，以健康产业为核心，将健康、养生、养老、休闲、旅游等功能融为一体并形成的生态环境较好的特色小镇。

笔者认为，按照特色小镇生产、生活、生态"三生融合"要求和产业、人文、旅游、社区"四位一体"功能，作为特色小镇的一种重要类型，康养小镇以健康产业为特色产业、核心产业，结合康养小镇所在地的人文风俗、旅游景点、自然生态、社区功能打造成功能独特、环境优美并能为人们提供优质服务的小镇区域。

调研发现，在多达一二十种的特色小镇中，有不少主打康养产业的小镇。

究其原因，一是我国已经进入老龄化社会且老龄化现象日趋严峻，银发产业前景广阔；二是我国经济快速发展，人们生活水平日益提高，健康意识逐渐增强；三是"健康中国"的发展理念深入人心；四是国家正大力推广"特色小镇"，各类小镇风起云涌。

根据河北省发展改革委培育建设100个产业特色鲜明、人文气息浓厚、生态环境优美、多种功能融合、体制机制灵活的特色小镇的精神，河北某新区结合本地国家生命健康产业创新示范区及医疗旅游基地的产业环境，发挥自身海滨、医疗、旅游、度假等优势，拟打造医疗康养旅游小镇（以下简称"本项目"）。

一、办理完成项目前期手续

本项目在某地新区规划建设局、行政审批局（环保局）、国土分局办理完成可研报告批复、环境影响报告书批复、规划意见、用地预审意见等手续，并列入2016年省重点项目。

二、编制完成控制性详规情况

目前，某地国际健康城核心区控制性详细规划已编制完成，待市规委会审批。本项目总规划用地面积××公顷，用地功能及指标如下：二类居住用地××公顷、中小学用地××公顷、医疗用地××公顷、旅馆用地××公顷、加油加气站用地××公顷、道路用地××公顷、环卫设施用地××公顷、公园绿地××公顷、防护绿地××公顷、水域××公顷、旅游用地××公顷、农林用地××公顷。

通过设立专科医院、实验室疗法特区（生物产业孵化器）、国际健康中心、康养社区、精英社区、温泉酒店等板块，为每一位客户提供一站式、个性化、保姆式的健康服务，推动医疗、康养与旅游的融合发展，建设一批高端健康医疗旅游项目，构建以医疗、康复、疗养、休闲、度假、会议会展为一体的"医、药、养、健、游"大健康产业体系。

三、主要项目建设

1. 基础设施路网已初步形成。

2. 产业项目初具建设规模。

（1）健康城生物产业孵化器项目

项目总投资××亿元，总占地面积约××平方米，总建筑面积约××平方米，主要建设专家楼、实验楼、办公楼及配套设施。该项目具有提供孵化场地、公共设施、孵化服务、特定服务四大基本功能。

（2）国际健康中心项目

项目总投资××亿元，总规划用地面积约××平方米，建设有生殖医学中心、国际健康城展示中心、细胞制备中心、健康管理中心与全球私人医生中心、国际交流中心、国际培训中心、理疗中心以及行政办公中心等，并建设有停车场以及其他基础配套设施和设备。

（3）国际肿瘤医院项目

项目总投资××亿元，总用地面积约××平方米，新建门急诊医技楼、病房楼、后勤及能源楼、宿舍楼、科研教学楼、停车楼、地下停车场、连廊以及其他配套基础设施和设备。总建筑面积××平方米，拟建设床位××张。目前，项目已开工建设，宿舍楼已全部完成打桩，共××根，静载实验已完成。病房楼已全部完成打桩，共××根，静载实验已完成。后勤楼开始进行打桩施工，已完成打桩××根。

3. 土地征拆工作进入尾声。

四、产业和人口聚集情况

略。

五、存在的问题

（一）急需解决项目资金缺口

2016年，财政部印发了《关于开展部分地区地方政府债务管理存在薄弱环节问题专项核查工作的通知》（财办预〔2016〕94号），并对地方违法违规举债、出具担保函等问题进行了专项核查；同时，《预算法》规定，地方政府只能通过发行地方政府债券方式举借债务，除此之外，不得以其他任何方式举借债务。除法律另有规定外，地方政府及其部门不得以任何方式为企业和个人债务提供担保。且按照政府向社会力量购买服务指导性目录要求，本项目所涉配套路网建设、生态环境改造等项目不在政府购买服务目录之中，无法进行政府采购和项目融资，项目资金缺口问题急需解决。

（二）急需解决土地不足

本项目建设范围共涉及水田约××公顷，水浇地约××公顷，由于项目所在地政府目前协调或购买的水田占补平衡指标无法满足项目建设需求，为确保项目顺利实施，需落实占补平衡指标及建设用地规模。

六、2018年推进计划

（一）大力推进基础设施项目建设

1. 核心区道路基础设施建设。

2. 孵化器三期项目建设。项目总投资××亿元，总建筑面积××平方米，其中医疗实验区××平方米，研发实验区××平方米，地下建筑面积××平方米，项目将于2018年开工建设。

3. 开闭所10KV（土建）建设。2018年将启动完成10KV开闭所土建和设备安装工作。

(二）继续推进产业项目落地及建设工作

1. 国际健康中心项目

充分发挥督导和协调作用，确保2018年6月底完成剩余收尾工程和手续补办工作，并投入运营。

2. 国际肿瘤医院

完善国际肿瘤医院的各项前期手续，并督促项目方按照计划工期完成项目建设工作。

（三）启动棚户区改造项目

项目占地面积××平方米，总投资××亿元，新建安置房建筑面积××平方米，目前已完成样板房评估，正在进行项目成本测算，准备与社会资本方签订框架协议，2018年启动房屋征收与安置房建设。

某特色小镇 PPP 项目操作重点

一、基本情况

（一）项目名称：某特色小镇 PPP 项目（以下简称"本项目"）

本项目是某省某市某县为改善生态环境，充分利用闲置土地资源、拓宽融资渠道，以促进经济发展及改善公共基础设施水平的重点项目，符合国家、某省及某市关于加快城市基础设施建设服务能力的发展目标，具有良好的社会、经济效益。

本项目的建设内容符合特色小镇发展的内涵要求，通过特色小镇模式运作可提升区域的整体效益，经政府批准采用 PPP 模式。

本项目整体以大健康产业为基础，引入养老康复、生命科技研发等健康产业，同时发展旅游产业，打造以"大健康＋特色旅游"产业为特色的特色小镇。

（二）项目类型及所属行业类型

本项目为新建项目，所属行业为城镇综合开发（园区开发）类。

二、本项目的特色及 PPP 推广意义

（一）项目实现产城融合发展

本项目的实施有利于当地优化产业布局与产业结构调整升级，有利于积累新型小城镇试点经验，有利于当地经济保持协调、可持续发展。

本项目涵盖健康养老、生命科技、文化旅游、新型农业等在内的多种产业，同时在产业导入过程中实施了某河流域水源地环境综合整治工程、某县医养结合中心工程、文化资源保护开发工程、新型城镇化建设工程、市政基础公用设施及配套工程等城镇基础设施，实现了产城融合发展。

（二）挖掘"大健康"产业内涵，提供幸福宜居环境

本项目深刻贯彻大健康理念，依托由某河流域水源地生态环境综合整治工程带来的青山绿水，通过建设养老康复中心、生命科技研发中心、三生园体验中心、明清古镇以及某音乐小镇等项目，在为老年人提供优质的养老、健康服务的同时，优美的生态环境与丰富的文化旅游项目更能够给人们带来心理和精神上的慰藉。

（三）田园综合发展，实现精准扶贫

本项目中引入了田园综合发展理念，建设葡萄庄园、茶园、有机农场、生态果园、菌业科技示范区等进行相关村落改造，改善山区村民生活条件，提升周边村镇居民收入，实现精准扶贫。

（四）引进生命科技，实现精准医疗

本项目引进生命科技，利用基因和原能细胞研究成果，诊断疑难病症，实现精准医疗。

三、项目规模及建设内容

本项目涉及某县南部某镇全境，辐射面积约××平方公里。本项目计划建设期拟定为××年，根据项目特点和具备的条件计划分三期实施，主要建设内容如下所述。

（一）某河流域水源地生态环境综合整治工程

某河在某县境内全长××公里，比降为××%，干支流××条，总长××公里，流域面积大于××平方公里，地理位置特殊，水体资源是发展生态旅游的重要依托。

（二）某县医养结合中心工程

1. 某镇养老院

养老院项目拟在某生态旅游度假区的西南部建设，总建筑面积为××平方米，建成后可容纳××张床位。

2. 养老康复中心

本项目拟在某生态旅游度假区内建设健康养老服务中心和养老康复中心，建设总床位××张。其中，健康养老服务中心占地××平方米，建筑面积××平方米，××张床位；养老康复中心占地××平方米，建筑面积××平方米，××张床位。

3. 生命科技研发中心

本项目拟在某生态旅游度假区内建设生命科技研发中心，包括：院士工作站，总建筑面积为××平方米；生命科学基因和功能细胞研究所，总建筑面积为××平方米；某健康产业科技公司，总建筑面积为××平方米。

4. 健康人自体免疫细胞存储中心

本项目拟在某生态旅游度假区内建设健康人自体免疫细胞存储中心，总建筑面积约××平方米，包括：层流间××平方米；办公场地，总建筑面积为××平方米。

5.三生园体验度假村

本项目坚持生态、生活、生产"三生共融"理念，拟建三生园体验度假村，建筑面积××平方米，打造综合性生态产业示范园区。

（三）文化资源保护开发项目

本项目以"生态旅游带—森林公园带—某文化带—民俗村生活体验带"四带为项目旅游路线。

1.某生态旅游度假区

某生态旅游度假区已获得国家森林公园、国家AAAA级旅游景区、国家水利风景区、国家水土保持科技示范园等多项荣誉称号。拟建设度假酒店，建筑面积××平方米；养老型小镇，建筑面积××平方米；行政管理服务区，建筑面积××平方米；葡萄庄园，建筑面积××平方米；茶园，建筑面积××平方米；有机农场，建筑面积××平方米；生态果园，建筑面积××平方米等。

2.某森林景区的开发

主要对某林场和某村周围的××公顷的林地进行保护开发。

3.某文化旅游开发

内容略。

4.某度假村片区进行民俗文化景区旅游开发

结合当地的著名寺院（国家AAA级旅游景区）佛教文化、名人文化、民俗文化旅游资源，对几个村落进行民俗旅游开发。对已经保留的传统民居生活设施进行保护和修缮，形成项目的民俗村生活体验旅游带。

5.旅游基础设施建设

在"生态旅游带－森林公园带－名人文化带－民俗村生活体验带"四大旅游带区域内完善旅游配套基础设施建设。包括：某镇镇区旅游综合集散中心××处，建筑面积约××平方米；次级旅游服务中心××座，建筑面积共××平方米；慢行交通环线，××公里；休闲度假酒店××间，建筑面积为××平方米；产权式度假公寓××间，建筑面积为××平方米；快捷酒店，建筑面积××平方米。

（四）新型城镇化建设工程

1. 新型农村社区改造工程

某镇境内共有××个村落，本项目计划合并××处农村中心居民点、××处基层农村社区。

2. 新城镇建设配套工程建设

为了更好地服务于某镇内居民生活，该项目拟建设××所初中，建筑面积为××平方米；××所小学，建筑面积为××平方米；××所幼儿园，建筑面积为××平方米；××座医院，建筑面积为××平方米。

（五）市政基础和公用设施及配套

在某镇驻地新建给水厂××座，建筑面积为××平方米；污水处理厂××座，建筑面积为××平方米（污水处理主体工艺为"预处理+A2/O+深度处理工艺"，本项目设计污水处理量总规模××m³/d，一期处理规模××m3/d，配套管网××公里，本次仅实施一期项目）；污水处理站××座，建筑面积为××平方米；垃圾/生物质/燃气热电站××座，建筑面积为××平方米。

四、纳入PPP模式运作的建设内容

本项目拟以大健康产业为基础，引入养老康复、生命科技研发等健康产业，同时发展旅游产业，打造以大健康+旅游为特色的特色小镇。特色小镇的建设包含公共服务及基础设施项目和经营性设施项目，项目计划以PPP模式和产业导入为主的市场化运作相结合的方式实施。

（一）政府与社会资本合作内容

某河流域水源地生态环境综合整治工程、新型城镇化建设工程、市政基础和公用设施及配套、某县医养结合中心工程的公共服务及基础设施子项、文化资源保护开发项目的公共服务及基础设施子项纳入政府与社会资本合作范围内，采用PPP模式实施，按照PPP相关政策文件要求规范推进。

（二）产业导入为主，市场化运作内容

某县医养结合中心工程及文化资源保护开发项目的经营性子项作为产业投资，采用产业导入模式实施。

五、建设项目总投资

经估算，项目总投资××万元。项目共分三期进行建设，一期工程总投资××万元，二期工程总投资××万元，三期工程总投资××万元。

1.采用PPP模式运作的子项总投资约××万元，包含建安工程费××万元、设备购置费××万元、其他费用××万元、预备费用××万元、建设期利息××万元。

2.采用产业导入模式运作的子项总投资约××万元，包含建安工程费××万元、设备购置费××万元、其他费用××万元、预备费用××万元、建设期利息××万元、铺底流动资金××万元。

六、建设进程及合规性

（一）项目所处阶段

项目已完成可行性研究报告，取得某县发改局等部门的立项批复、项目环境影响报告书批复、项目用地初步审查意见等前期手续。项目保证严格按照规范程序进行建设，保障项目实施的合规性。

项目前期手续详见附件：

附件1：《关于某县某河流域源头综合治理与生命科技生态文化圈项目可行性研究报告的批复》（××发改字〔2015〕72号）

附件2:《关于某河流域源头综合治理与生命科技生态文化圈项目用地的初步审查意见》

附件3:《关于某河流域源头综合治理与生命科技生态文化圈项目环境影响报告书的批复》(××环书审〔2015〕07号)

(二)项目采购进度

项目尚未进行采购工作,拟采用竞争性磋商的方式选择合作社会资本方。

七、项目运作模式

本项目的建设包含公共服务及基础设施项目和产业导入设施项目,涵盖某河流域水源地环境综合整治工程、某县医养结合中心工程、文化资源保护开发工程、新型城镇化建设工程、市政基础公用设施及配套工程等多个领域和子项。

(一)PPP模式的运作方式

本项目PPP部分采用BOT(建设—运营—移交)的方式运作,由政府方出资代表与中选社会资本方共同组建项目公司(SPV),负责项目中公共服务及基础设施部分的设计、投融资、建设、运营维护和移交。政府方负责项目前期涉及的手续协调办理,负责监管项目设计、建设和运营维护以及项目的绩效考核等工作。

本项目由项目公司严格按照规范程序进行建设,建成后由项目公司负责各子项的运营。合作期满后,项目公司按照PPP项目合同约定将运行良好、无任何债务负担的公共服务设施及基础设施无偿移交给实施机构或政府方指定机构。

(二)产业导入模式的运作方式

本项目产业导入主要分为土地整理、产业项目开发、产业链整合开发3个领域。

1. 土地整理

本项目的中选社会资本方可通过接受土地储备机构委托，对项目范围内的土地实施储备，开展包括与储备宗地相关的道路、供水、供电、供气、排水、通讯、照明、绿化、土地平整等基础设施建设，依法取得合理收益。

2. 产业项目开发

本项目产业项目开发包括健康产业开发、文化旅游产业开发两大类。本项目健康产业的开发主要以健康人自体免疫细胞存储中心、三生园体验度假村等为主体，文化旅游产业开发主要以包括承担核心功能的某生态旅游景区和以休闲消费聚集为主要功能的旅游配套设施建设两大类为基础。产业项目的开发主要通过开发运营获得收益。

3. 产业链整合开发

本项目产业链整合开发包括幸福宜居产业链、健康养老产业链和泛文化旅游产业链。三大产业链交互支撑，构建区域产业生态圈。

由中选社会资本方负责本项目的定位、规划、产业布局、产业链的整合等工作，引进其他社会资本或专业运营机构共同协同建设本项目。

本项目各参与单位应严格按照国家及地方各项相关法律、法规推进项目工作。如因实际情况变动导致与法律、政策相抵，可对项目的运作模式进行调整。

八、项目合作期限

本项目合作期限为××年（其中总建设期××年，分三期进行建设）。总建设期是指从《PPP项目合同》生效之日起至项目全部子项工程竣工验收合格日止；各子项施工工期是指该子项监理工程师发出开工令之日起至该子项工程全部竣工验收合格之日止;各子项运营期是指各子项工程竣工验收合格日次日起至整个项目合作期满,各子项同步移交。

九、项目公司股权情况

由某县人民政府授权政府方出资代表与中选社会资本方共同成立项目公司(SPV),项目公司负责实施采用PPP模式运作的公共服务及基础设施子项。项目公司注册资本为××万元,其中:政府方出资代表出资××万元占项目公司×××%的股权,中选社会资本方出资××万元占项目公司×××%的股权,政府方出资代表参与分红。

附件 1

关于某县某河流域源头综合治理与生命科技生态文化圈项目可行性研究报告的批复

某县商务局：

你单位报来《关于某县某河流域源头综合治理与生命科技生态文化圈项目立项申请》及附送材料收悉。经审核，符合国家产业政策及项目立项批复要求，现批复如下：

一、同意某县商务局建设某县某河源头综合治理与生命科技生态文化圈项目。

二、项目建设地点：位于某县南部某镇镇域，总用地××亩（约××平方公里）。

三、项目建设内容及规模：总建筑面积××万平方米，主要建设某河流域水源地环境综合整治工程、某县医养结合中心工程、文化旅游开发工程、新型城镇化建设工程、生命科学基因和原能细胞研究所、市政基础公用设施及配套工程。

四、项目总投资及资金来源：项目总投资××亿元，由项目单位自筹，并通过招商引资、社会公开融资、申请金融机构贷款、争取专项信贷支持等多渠道分期予以解决。

望接文后，抓紧落实前期准备工作，严格按照批复内容组织建设和安排使用，从严控制投资规模。

某县发展和改革局
××××年××月××日

附件 2

关于某河流域源头综合治理与生命科技生态文化圈项目用地的初步审查意见

县商务局：

你局《关于某河流域源头综合治理与生命科技生态文化圈项目用地的申请》收悉。经审查，该项目拟选址位置在某县南部某镇镇域范围内，总用地面积约××公顷，部分建设内容选址符合某县某镇土地利用总体规划（2006—2020年）。本意见不作为项目用地的批准文件，待项目完成立项手续后，请按程序和规定及时办理相关用地批准手续，依法取得土地使用权。

某县国土资源局
××××年××月××日

附件3

关于某河流域源头综合治理与生命科技生态文化圈项目环境影响报告表的批复

某县商务局：

你单位报来《关于某河流域源头综合治理与生命科技生态文化圈项目环境影响报告表》收悉。经研究，批复如下：

一、某河流域源头综合治理与生命科技生态文化圈项目建设地点在某县某镇（地理位置描述略，笔者注）。本项目总用地××公顷。总投资××万元，规划总建筑面积××平方米，总用地为××公顷。

建设内容包括水源与生态环境综合治理区域（河湖水体保育及滨河绿色廊道区、山体生态保育区、村镇环境综合整治及环境污染防护工程）、健康养老区域（产权式养老度假区、养老中心、院士工作站、生命科学基因和原能细胞研究所）、新城镇建设区域（新型农村社区改造区域、某社区、初中、小学、幼儿园、医院等）、乡村旅游开发区域、市政基础配套设施、旅游服务设施、市政道路、山体绿化区域等。经审查，项目建设符合国家产业政策和某县总体规划。建设单位在认真落实环评提出的环保措施，确保污染物达标排放，主要污染物排放量符合总量控制要求的前提下，同意项目建设。

二、落实好施工期的污染防治措施。

1. 建设单位要按照《某省扬尘污染防治管理办法》及《某市扬尘污染防治工作实施方案》的要求，保持施工场地清洁，施工场地应勤洒水抑尘，粉状物料运输及堆放应有遮盖。土地平整、汽车运输、材料堆置等粉尘无组织排放源必须采取有效的防治措施，以减少施工期间对大气环境的影响，粉尘排放应满足《大气污染物综合排放标准》(GB16297-1996)无组织排放限值要求。

2. 施工单位在施工时应采取相应的隔声降噪措施，相邻敏感点的高噪声施工作业应安排在白天进行，减少对周围居民生活的影响；施工期噪声要符合《建筑施工场界环境噪声排放标准》(GB12523-2011)。

3. 施工期建筑污水必须经沉淀池处理后全部回用于工地，不外排。

4. 施工挖方和建筑垃圾尽量用于工程建设，剩余部分应合理选择堆置地点，外运综合利用；生活垃圾及时清运。

三、落实好营运期的环保措施。

1. 落实"清污分流""雨污分流"及节水措施、生活污水、医疗废水经医院配套污水处理站预处理后排入区域内污水处理站处理，达到《某省南水北调沿线水污染物综合排放标准》(DB37/599-2006)及其修改单中一般保护区域排放标准，同时满足《城市污水再利用 城市杂用水水质标准》(GB/T18920-2002)中的城市绿化标准及《农田灌溉水质标准》(GB5084-2005)旱作水质标准、全部回用绿化、道路洒水抑尘。

2. 居民厨房采用通风排气措施，炉灶上方设置带机械排风和油烟过滤器的吸排油烟机，以减轻厨房油烟污染环境，厨房产生的烟气经高效除油烟机处理达标排放。项目供暖采用集中供热。项目燃气使用管道天然气。区域污水处理站、医疗配套污水处理恶臭采用活性炭吸附处理。做好地上、地下车库及进出车辆汽车尾气污染防治工作。

3. 优化小区平面布置，公建设备噪声和外部交通噪声要采用多种合理、有效的防治措施，确保噪声满足《工业企业厂界噪声排放标准》(GB12348-2008)中的相关标准要求。

4. 加强小区建成后的环境与卫生管理，做好固废的分类收集和妥善处置。生活垃圾临时存放点采用全封闭式管理，采取防雨、防渗措施，并及时清运处理。医院产生的医疗垃圾，定期由专职人员、专用设备收集，相关资质单位进行无害化处理。

5. 按照报告书提出的有关绿化标准落实绿化方案。

四、项目建设须严格执行配套的环境保护设施与主体工程同时设施、同时施工、同时投入使用的"三同时"制度。落实好环评文件所提出的各项内容，项目建成后按规定办理竣工环境保护验收。

五、若该项目的性质、规模、地点、防治染污、防止生态破坏的措施发生重大变动，应当向我局重新报批环境影响评价文件。

环境影响报告表自批复之日起超过五年方决定该项目开工建设，该报告表应报我局重新审核。

项目在建设、运行过程中不符合环境影响报告表和本批复情形的，你单位应当组织环境影响后评价，采取改进措施，并报我局审批。

本批复适用于在某县辖区审批、核准或备案的建设项目，否则无效。

某县环境保护局

××××年××月××日

注：本案例来自财政部 PPP 中心网站。

第七章
康养小镇土地法律问题

本章导读

康养小镇土地法律与政策

康养小镇用地现实难题及解决思路

康养小镇用地方案

康养小镇PPP土地法律实务

康养小镇土地法律与政策

就康养小镇的风险而言，康养小镇因投资金额和占地规模相对较大，涉及的核心元素复杂且利益相关者较多，所以尤其要加强建设与运营中各类型风险的识别、判断和规避。具体来说，康养小镇的法律风险主要集中在前期立项规划、建设用地取得、投资融资及采用PPP模式建设运营的过程中。以康养小镇土地获得环节为例，康养小镇涉及的土地性质复杂，既有国有建设用地，也有集体土地。涉及国有建设用地的，有的以划拨方式，还有的是通过招拍挂方式取得。

一、我国法律对土地的分类

根据《中华人民共和国土地管理法》（以下简称《土地管理法》）第四条的规定，我国实行土地用途管制制度，并将土地分为农用地、建设用地和未利用地三大类。2017年11月，由国土资源部组织修订的国家标准《土地利用现状分类》(GB/T 21010—2017)，经国家质检总局、国家标准化管理委员会批准发布并实施。新版标准秉持满足生态用地保护需求，明确新兴产业用地类型，兼顾监管部门管理需求的思路，完善了地类含义，细化了二级类划分，调整了地类名称，增加了湿地归类，将在第三次全国土地调查中全面应用。新版标准规定了土地利用的类型、含义，将土地利用类型分为耕地、园地、林地、草地、商服用地、工矿仓储用地、住宅用地、公共管理与公共服务用地、特殊用地、交通运输用地、水域及水利设施用地、其他用地等12个一级类、72个二级类，适用于土地调查、规划、审批、供应、整治、执法、评价、统计、登记及信息化管理等。

（一）农用地概念及类别

1. 农用地概念

《土地管理法》第四条规定，"农用地是指直接用于农业生产的土地，包括耕地、林地、草地、农田水利用地、养殖水面等。"

2. 农用地类别

根据上述国家质量监督检验检疫总局、国家标准化管理委员会《土地利用现状分类》(GB/T21010—2007)附录A规定，农用地包括：

① 耕地中的所有类别土地。

② 园地中的所有类别土地。

③ 林地中的所有类别土地。

④ 草地中的天然牧草地及人工牧草地。

⑤ 交通（运输）用地中的农村道路。

⑥ 水域及水利设施用地中的坑塘水面及沟渠。

⑦ 其他土地中的设施农用地及田坎。

(二)建设用地及分类

1. 建设用地的概念

《土地管理法》第四条规定,"建设用地是指建造建筑物、构筑物的土地,包括城乡住宅和公共设施用地、工矿用地、交通水利设施用地、旅游用地、军事设施用地等。"

2. 建设用地分类

根据《土地利用现状分类》(GB/T21010–2007)附录A规定,建设用地包括:

① 商服用地中的所有类别土地。

② 工矿仓储用地中的所有类别土地。

③ 住宅用地中的所有类别土地。

④ 公共管理与公共服务用地中的所有类别土地。

⑤ 特殊用地中的所有类别土地。

⑥ 交通(运输)用地中的铁路用地、公路用地、街巷用地、机场用地、港口码头用地及管道运输用地。

⑦ 水域及水利设施用地中的水库水面及水工建筑物用地。

⑧ 以及其他土地中的空闲地。

3. 集体建设用地的利用形式

关于集体建设用地的利用形式,根据《土地管理法》第四十三条的规定,"任何单位和个人进行建设,需要使用土地的,必须依法申请使用国有土地;但是,兴办乡镇企业和村民建设住宅经依法批准使用本集体经济组织农民集体所有的土地的,或者乡(镇)村公共设施和公益事业建设经依法批准使用农民集体所有的土地的除外。"由此可见,根据《土地管理法》的规定,集体建设用地包含三种利用形式:兴办乡镇企业用地;村民建设住宅用地;乡(镇)村公共设施和公益事业建设。

（三）未利用地及分类

1. 未利用地概念

《土地管理法》第四条规定，"未利用地是指农用地和建设用地以外的土地"。因此，未利用地应当是一个兜底性的概念，除农用地和建设用地以外，应当都属于未利用地。

2. 未利用地分类

《土地利用现状分类》（GB/T21010—2007）对未利用地作了进一步细分，未利用地包括：

① 草地中的其他草地。

② 水域及水利设施用地中的河流水面、湖泊水面、沿海滩涂、内陆滩涂、冰川及永久积雪。

③ 以及其他土地中的盐碱地、沼泽地、沙地、裸地。

3. 关于"四荒地"与未利用地关系

在我国现行的诸多法律法规及政策性文件中，均存在有关"四荒"或"四荒地"的规定。最典型的规定如《农村土地承包法》第三章中对不宜采取家庭承包方式的荒山、荒沟、荒丘、荒滩等农村土地的承包方式及程序的规定。

需要指出的是，《土地管理法》根据土地用途，将土地划分为农用地、建设用地和未利用地三种类型。而对于"四荒地"相对应的土地用途，现行法律法规及政策性文件中没有给予充分的解释或统一的归纳。

二、我国实行严格的土地管理制度

我国实行严格的土地管理制度，按照《土地管理法》和土地的自然属性及土地的利用状况，我国将土地分为农用地、建设用地和未利用地（后文有专门论述）。农用地可分为耕地、林地、牧草地和农田水利用地、养殖水面等；建设用地可分为城乡居民住宅用地、公共设施用地、工矿用地、交通水利设施用地、旅游用地、军事设施用地等。土地用途管理包括：土地按用途合理分类，土地利用总体规划规定土地用途，土地登记注明土地用途，土地用途变更实行审批，对不按照规定的土地用途使用土地的行为进行处罚等。

我国严格按用途审批用地，各种建设项目使用土地都必须严格遵守和执行土地利用总体规划。各级土地行政主管部门必须严格按照土地利用总体规划确定的用途审批用地，要严格控制农用地转为建设用地。不符合土地利用总体规划确定的用途，不得批准建设项目用地。要严把用地审批权。

三、康养小镇用地的特殊性

康养小镇建设在功能上要求"聚而合"，但同时也具有多项功能，包括产业（健康、养老、养生）、生态、文化、休闲、旅游、居住等功能，而不同的功能组合横跨了多类不同用途的土地，模糊了土地权属的界限，导致康养小镇建设土地需求的多样性和土地利用的复杂性。

操作康养小镇的实践过程中，由于用地指标有限，且土地权属复杂，增大了特色小镇土地获取的难度和小镇落地的进度。

四、现行特色小镇土地政策

关于特色小镇的土地政策，既有中央和部委层面的，也有地方场面的。

（一）中央和部委层面特色小镇土地政策

2016年2月，《国务院关于深入推进新型城镇化建设的若干意见》（国发〔2016〕8号）中的第六条"完善土地利用机制"为解决特色小镇用地问题指出4条解决路径，主要内容如下。

一是规范推进城乡建设用地增减挂钩[①]。全面实行城镇建设用地增加与农村建设用地减少相挂钩的政策。高标准、高质量推进村庄整治，在规范管理、规范操作、规范运行的基础上，扩大城乡建设用地增减挂钩规模和范围。

二是建立城镇低效用地再开发激励机制。允许存量土地使用权人在不违反法律法规、符合相关规划的前提下，按照有关规定经批准后对土地进行再开发。完善城镇存量土地再开发过程中的供应方式，鼓励原土地使用权人自行改造，涉及原划拨土地使用权转让需补办出让手续的，经依法批准，可采取规定方式办理并按市场价缴纳土地出让价款。在国家、改造者、土地权利人之间合理分配"三旧"（旧城镇、旧厂房、旧村庄）改造的土地收益。

三是因地制宜推进低丘缓坡地开发。在坚持最严格的耕地保护制度、确保生态安全、切实做好地质灾害防治的前提下，在资源环境承载力适宜地区开展低丘缓坡地开发试点。

四是完善土地经营权和宅基地使用权流转机制。鼓励地方建立健全农村产权流转市场体系，探索农户对土地承包权、宅基地使用权、集体收益分配权的自愿有偿退出机制，支持引导其依法自愿有偿转让上述权益，提高资源利用效率，防止闲置和浪费。深入推进农村土地征收、集体经营性建设用地入市、宅基地制度改革试点，稳步开展农村承包土地的经营权和农民住房财产权抵押贷款试点。

（二）地方层面特色小镇土地政策

目前，全国各地都在大力推广特色小镇，各地方政府纷纷出台了支持特色小镇的政策，其中的土地政策是一项重要内容，详细内容见表7-1。

[①] 所谓增减挂钩，指依据土地利用总体规划，将若干拟整理复垦为耕地的农村建设用地地块（即拆旧地块）和拟用于城镇建设的地块（即建新地块）等面积共同组成建新拆旧项目区（简称项目区），通过建新拆旧和土地整理复垦等措施，在保证项目区内各类土地面积平衡的基础上，最终实现建设用地总量不增加，耕地面积不减少、质量不降低，城乡用地布局更合理的目标。

表 7-1 各地方特色小镇土地政策

序号	土地政策	代表省、自治区、直辖市
1	建设用地计划优先安排用地指标	重庆市下达特色小镇示范点建设用地计划专项指标。福建省国土资源厅对每个特色小镇各安排100亩用地指标，新增建设用地计划予以倾斜支持。
2	奖励和惩罚用地指标	浙江省对如期完成年度规划目标任务的，省里按实际使用指标的50%给予配套奖励，其中信息经济、环保、高端装备制造等产业类特色小镇按60%给予配套奖励；对3年内未达到规划目标任务的，加倍倒扣省奖励的用地指标。
3	城乡建设用地增减挂钩指标	湖北省2017年起单列下达每个特色小（城）镇500亩增减挂钩指标。陕西省分批次给予每个省级重点示范镇1000亩、文化旅游名镇（街区）200亩城乡建设增减挂钩用地指标支持。贵州省形成的增减挂钩指标在保障农村发展用地后，节余部分进入市（州）公共资源交易平台公开交易。
4	利用低丘缓坡、滩涂资源和存量建设用地	福建、江西、山东、湖北、浙江等省都要求特色小镇的建设要优先利用低丘缓坡地、滩涂资源和存量建设用地。
5	工矿废弃地复垦利用和城镇低效用地再开发	福建省规定，对工矿厂房、仓储用房进行改建及利用地下空间，提高容积率的，可不再补缴土地价款差额。河南省鼓励社会资本参与镇区废旧厂房改造和荒地、废弃地开发利用以及低效用地再开发。四川省要求特色小镇建设要用好增减挂钩、土地综合整治、集体建设用地流转、工矿废弃地复垦整理、城镇低效用地再开发等土地政策。
6	过渡期按原用途使用土地	福建省规定，在符合相关规划的前提下，经市、县（区）政府批准，利用现有房屋和土地，兴办文化创意、科研、健康养老、工业旅游、现代服务业、"互联网+"等新业态的，可实行继续按原用途和土地权利类型使用土地的过渡期政策，过渡期为5年。
7	农村集体建设用地流转和租赁	内蒙古自治区鼓励农村牧区集体经济组织和农牧民以土地入股、集体建设用地使用权转让、租赁等方式有序地进行农家乐、牧家乐、家庭旅馆、农庄旅游等旅游开发项目试点。广西、四川、甘肃等省（区）都在探索集体建设用地流转利用方式。

五、现行康养小镇土地政策

梳理发现，我国关于康养小镇土地的政策主要由国务院和相关部委发布，相关内容见表 7-2。

表 7-2　　　　　　　　　　　　　　　　　　　　国家对康养小镇土地的政策

序号	文件名	主要内容
1	《国务院关于加快发展养老服务业的若干意见》（国发〔2013〕35号）	发展养老服务产业应完善土地供应政策。各地要将各类养老服务设施建设用地纳入城镇土地利用总体规划和年度用地计划，合理安排用地需求，可将闲置的公益性用地调整为养老服务用地。民间资本举办的非营利性养老机构与政府举办的养老机构享有相同的土地使用政策，可以依法使用国有划拨土地或者农民集体所有的土地。对营利性养老机构建设用地，按照国家对经营性用地依法办理有偿用地手续的规定，优先保障供应，并制定支持发展养老服务业的土地政策。严禁养老设施建设用地改变用途、容积率等土地使用条件搞房地产开发。
2	《国务院关于促进健康服务业发展的若干意见》（国发〔2013〕40号）	健康服务业务发展应加强规划布局和用地保障。各级政府要在土地利用总体规划和城乡规划中统筹考虑健康服务业发展需要，扩大健康服务业用地供给，优先保障非营利性机构用地。新建居住区和社区要按相关规定在公共服务设施中保障医疗卫生、文化体育、社区服务等健康服务业相关设施的配套。支持利用以划拨方式取得的存量房产和原有土地兴办健康服务业，土地用途和使用权人可暂不变更。连续经营1年以上、符合划拨用地目录的健康服务项目可按划拨土地办理用地手续；不符合划拨用地目录的，可采取协议出让方式办理用地手续。

续表 7-2

序号	文件名	主要内容
3	《国务院关于促进旅游业改革发展的若干意见》（国发〔2013〕31号）	旅游业改革发展中，应优化土地利用政策。坚持节约集约用地，按照土地利用总体规划、城乡规划安排旅游用地的规模和布局，严格控制旅游设施建设占用耕地。改革完善旅游用地管理制度，推动土地差别化管理与引导旅游供给结构调整相结合。编制和调整土地利用总体规划、城乡规划和海洋功能区规划时，要充分考虑相关旅游项目、设施的空间布局和建设用地要求，规范用海及海岸线占用。年度土地供应要适当增加旅游业发展用地。该文件中还进一步细化利用荒地、荒坡、荒滩、垃圾场、废弃矿山、边远海岛和石漠化土地开发旅游项目的支持措施。在符合规划和用途管制的前提下，鼓励农村集体经济组织依法以集体经营性建设用地使用权入股、联营等形式与其他单位、个人共同开办旅游企业，修建旅游设施涉及改变土地用途的，依法办理用地审批手续。该文件为集体经济组织依法以集体经营性建设用地使用权入股、联营等形式与其他单位、个人共同开办旅游企业参与康养小镇建设提供了政策支持及政策依据。
4	《国务院办公厅转发卫生计生委、民政部、发展改革委、财政部、人力资源社会保障部、国土资源部、住房城乡建设部、全国老龄办、中医药局关于推进医疗卫生与养老服务相结合指导意见的通知》（国办发〔2015〕84号）	在推进医疗卫生与养老服务相结合过程中加强规划布局和用地保障。各级政府要在土地利用总体规划和城乡规划中统筹考虑医养结合机构发展需要，做好用地规划布局。对非营利性医养结合机构，可采取划拨方式，优先保障用地。对营利性医养结合机构，应当以租赁、出让等有偿方式保障用地。养老机构设置医疗机构，可将在项目中配套建设医疗服务设施相关要求作为土地出让条件，并明确不得分割转让。依法需招标拍卖挂牌出让土地的，应当采取招标拍卖挂牌出让方式。

续表 7-2

序号	文件名	主要内容
5	《国务院办公厅关于全面放开养老服务市场提升养老服务质量的若干意见》（国办发〔2016〕91号）	统筹利用闲置资源发展养老服务，有关部门应按程序、依据规划调整其土地使用性质。营利性养老服务机构利用存量建设用地建设养老设施，涉及划拨建设用地使用权出让（租赁）或转让的，在原土地用途符合规划的前提下，允许补缴土地出让金（租金），办理协议出让或租赁手续。企事业单位、个人对城镇现有空闲的厂房、学校、社区用房等进行改造和利用，举办养老服务机构，经有关部门批准临时改变建筑使用功能从事非营利性养老服务且连续经营一年以上的，5年内土地使用性质可暂不作变更。民间资本举办的非营利性养老机构与政府举办的养老机构可依法使用农民集体所有的土地。对在养老服务领域采取政府和社会资本合作（PPP）方式的项目，可以以国有建设用地使用权作价出资或者入股建设。该文件明确了民间资本举办的非营利性养老机构与政府举办的养老机构可依法使用农民集体所有的土地。对在养老服务领域采取PPP方式的项目，可以以国有建设用地使用权作价出资或者入股建设。该文件为建设康养小镇采用PPP模式方式方面提供了强有力的政策依据。
6	《国务院关于深入推进新型城镇化建设的若干意见》	该文件第六条"完善土地利用机制"为解决特色小镇用地问题指出4条路径：一是规范推进城乡建设用地增减挂钩；二是建立城镇低效用地再开发激励机制，允许存量土地使用权人在不违反法律法规、符合相关规划的前提下，按照有关规定经批准后对土地进行再开发；三是因地制宜推进低丘缓坡地开发；四是完善集体建设用地经营权和宅基地使用权流转机制。

康养小镇用地现实难题及解决思路

一、康养小镇用地现实难题

特色小镇是在几平方公里土地上集聚特色产业、生产生活生态空间相融合且不同于行政建制镇和产业园区的创新创业平台。特色小镇之所以称为"特色",关键在于特色产业,是以特色产业为核心的产城融合小镇。因此,包括康养小镇在内的特色小镇的土地用途可分为商服用地、住宅用地、公共服务用地及其他用地。

在国家大力推广特色小镇的背景下,国家出台了一系列支持特色小镇发展的政策,但在土地方面仍然存在现实难题。

结合笔者实践中参与咨询的浙江省某康养小镇建设的案例,现将康养小镇用地主要问题归纳如下。

一是超过规划和计划范围问题。康养小镇建设中,可能存在超出土地利用规划、供应计划、供地总体规划或区域规划范围的问题。结合上述土地利用政策，首先要求康养小镇建设用地要符合土地利用总体规划及用地计划。各地区国土资源及规划主管部门都会制定土地利用总体规划，规划会规定土地用途，明确土地使用条件，土地所有者和使用者必须严格按照规划确定的用途和条件使用土地。此外，还会确定土地利用年度计划，对年度内新增建设用地量、土地开发整理补充耕地量和耕地保有量等做出具体安排。因此，康养小镇的开发必须要明确当地土地规划中其所占土地的用途，符合规划使用条件的要积极争取土地建设使用指标，以满足对建设用地的要求。但是，实践中的部分项目未经规划即开始概念设计，违反了我国建设项目的规划审批的规定。

二是缺乏完整的设计理念，存在边建边设计的情况。康养小镇的整体设计应该是大设计思维的系统综合应用。康养小镇的大设计项目包括：自然环境设计、交通组织设计、园林绿化设计、景观设计、居住条件规划设计；建筑设计；居住室内空间设计；基础设施设计等。以上设计应该彼此相互统一；同时，所有设计应融入康养小镇开发的始终，融入建设、运营和推广之中，只有这样，才能形成一个品牌综合体。但是，实践中某些康养小镇建设是边设计边施工，严重缺乏整体概念。

三是康养小镇项目用地取得的程序复杂。康养小镇各类功能组合完善的背后，横跨了多类不同用途的土地，模糊了土地权属的界限。从流程和路径上来讲，康养小镇较之其他土地政策都更为复杂。康养小镇功能聚合的发展模式反映了土地需求的多样化和土地利用的复杂性。

以康养+养生小镇为例，其土地利用可能同时包括农用地（耕地、园地、林地、牧草地等）、建设用地（商服用地、公用设施用地、公共建筑用地、住宅用地、交通运输用地、水利设施用地等）以及未利用地。不同功能用地需要提请不同审批流程，既增加了审批的成本又加大了土地获取的难度。

四是用地指标缺乏。我国特色小镇快速推广，但不能否认的是大多数特色小镇面临着用地指标缺乏的困难现实。以住房城乡建设部公布的全国首批127个特色小镇为例，这些小镇普遍反映建设用地指标不足的问题。作为特色小镇的一种重要类型，康养小镇建设也存在用地指标缺乏的问题。

二、康养小镇用地现实难题解决思路

下面，我们针对康养小镇土地方面存在的现实问题给出了相应的解决思路。

（一）针对涉及土地性质复杂的解决思路

康养小镇通常投资规模大，涉及子项目较多，土地的性质非常复杂。如上所述，康养小镇既有国有土地，也有集体土地。国有建设用地多以划拨方式为主，然而，国有建设用地土地储备有限，很难一次性到位。康养小镇涉及集体土地的，虽然目前国家政策原则性的规定是农村土地流转和转换，但在实践操作过程中面临拆迁补偿、人口安置等问题，可谓困难重重。

业内人士分析认为，从制度设计上讲，解决特色小镇建设用地的基本思路是存量土地挖潜提高效率，增量用地在土地使用计划中保证或者城乡建设用地增减挂钩①解决，结合农村集体建设用地改革让集体建设用地通过入股、流转参与特色小镇建设。

---

① 在实施土地增减挂钩上，湖南省长沙县特色小镇果园镇双河村2012年被批准为该省厅土地增减挂钩试点村，村项目区用地面积约37公顷，项目通过腾退的农村建设用地置换城镇新增建设用地指标。按照户均0.08公顷宅基地的标准实施集中居住，将节约的约17公顷的建设用地指标在县内其他乡镇进行置换新增建设用地指标，同时将原有宅基地复垦为耕地。

（二）农村集体土地的解决

1. 集体经营性建设用地使用权相关文件

我国《土地管理法》规定，国有土地可以由单位或者个人承包经营。农村集体所有的土地，可以由本集体经济组织以外的单位或者个人承包经营，从事种植业、林业、畜牧业、渔业生产。

2017年5月，国土资源部发布《中华人民共和国土地管理法（修正案）》（征求意见稿）提出了国家建立城乡统一的建设用地市场的意见。明确指出符合土地利用总体规划的集体经营性建设用地，集体土地所有权人可以采取出让、租赁、作价出资或者入股等方式由单位或者个人使用，并签订书面合同。国土资源部发布的《产业用地政策实施工作指引》规定，允许依法使用集体建设用地的，除农村集体经营性建设用地入市改革试点地区外，其他地区应按《土地管理法》相关规定执行，应以农村集体经济组织自行使用，或农村集体经济组织以土地使用权入股、联营等方式与其他单位、个人共同举办企业的方式使用土地。在此前提下，各地可依法探索完善集体建设用地使用权入股、联营的管理方式。依据《旅游法》规定和各省（区、市）制定的管理办法，乡村居民可以利用自有住宅或者其他条件依法从事旅游经营。对于符合国家产业政策的特色小镇用地，可以通过集体经营建设用地入股、联营等方式开发利用。国家发展改革委印发的《关于加快美丽特色小（城）镇建设的指导意见》（发改规划〔2016〕2125号）也指出城中村集体建设用地可依法征收开发，集体经营性建设用地入市改革试点地区可按照改革试点要求，采取自主、联营、入股等方式进行改造开发。

2. 农村集体土地解决思路

实践中，多数康养小镇位于城市郊区和农村，在开发建设中可能涉及农村集体土地的问题。因此，作为康养小镇的建设主体，需要高效地与农民和农村集体打交道，形成合理的利益分享机制。

（1）合作开展农村集体土地的确权

农村集体土地的确权十分重要，但也十分复杂，因为这关系到当地农民的切身利益，同时，这些与康养小镇未来的建设和数十年的运营息息相关。如果农村集体土地确权工作不扎实，很可能给康养小镇建设与运营留下风险隐患。

如何科学地开展农村集体土地的确权？答案是需要各方积极参与、紧密配合。实践操作中，主要是由康养小镇所涉及的村委会组织成立村集体土地确权工作小组并负责土地确权的主导和协调，康养小镇投资建设主体则负责土地确权的实施与支持，开展村集体宅基地使用权、耕地承包经营权、山林地使用权以及池塘、河流、道路等集体土地权益调查，使村、组、农民对土地的所有权、使用权更明晰。

（2）土地集中流转

根据《国务院关于深入推进新型城镇化建设的若干意见》（国发〔2016〕8号），完善土地经营权和宅基地使用权流转机制。鼓励地方建立健全农村产权流转市场体系，探索农户对土地承包权、宅基地使用权、集体收益分配权的自愿有偿退出机制，支持引导其依法自愿有偿转让上述权益，提高资源利用效率，防止闲置和浪费。特色小镇开发建设涉及农村集体土地的，可以按照依法、自愿、有偿原则进行土地流转，价格由特色小镇开发主体和农户双方约定，按市场价格计算。以村民小组为单位流转土地，各村民小组根据村民自治法自行决定分配方案。凡改变土地性质转为建设用地，按土地征用政策执行，核减相应土地流转数量。实施土地综合整治后，按相应类别土地流转费标准兑付给农户。

（3）宅基地置换

对于农民宅基地的置换，采取的方式主要有农民永久宅基地置换新房、农民住房分配以及货币补偿等。

（4）成立土地合作社

成立土地合作社是解决农村集体土地的创新之举。土地合作社由全体村民以土地入股成为合作社股东，由全体村民选举村民代表为股东代表，股东代表选举产生监事会和理事会，负责土地合作社的运营管理。合作社采取企业化运作模式，与政府和包括康养小镇在内的特色小镇开发主体一起分配土地流转、出让所产生的收益，使农民按入股比例持续分享土地增值带来的收益，提高农民参与康养小镇建设的积极性。

成立土地合作社，可以起到多方面的作用：一是解决康养小镇开发主体的土地问题；二是当地农民从土地流转中享受到持续的收益；三是地方政府可以参与土地流转的协调并获益。

从根本上说，要解决康养小镇的土地问题，必须借助专业的法律服务机构，深刻领会党和国家的土地政策，既要遵守现行法律法规框架，还要结合康养小镇所在地的实际情况，创造性地解决小镇的用地问题。

康养小镇用地方案

康养小镇用地及土地的利益权属问题是政府和社会资本亟待解决的难题。

一方面，国家出台政策积极解决；另一方面，康养小镇开发主体也在不断寻求解决方案。

梳理发现，目前我国有多种用地解决方案可供包括康养小镇在内的特色小镇使用，如表 7-3 所示。

表 7-3　　　　　　　　特色小镇用地解决方案（适用于康养小镇）

方案	用地性质	用地使用方案
一	使用存量国有建设用地	1. 批准使用。市政道路、公园、绿地、广场等属于公共用地，办理批准使用手续，可以发建设用地批准书，但不用划拨决定书或出让合同。这些类型的用地在登记时只登记

续表 7-3

方案	用地性质	用地使用方案
一	使用存量国有建设用地	不发证,需要注意的是区分建设单位、管理单位与土地使用权人的不同。2.国有土地划拨,即行政方式。3.国有土地使用权出让。4.国有土地租赁。5.国有土地使用权作价出资或入股。除批准使用和划拨外,其他三种方式是有偿使用。其中,出让和国有土地租赁的具体配置方式包括协议、招标、拍卖和挂牌4种,作价出资或入股因有明确的使用者,只能通过协议方式配置。
二	圈内农用地办理转用、征收手续后依法提供给具体项目	土地利用总体规划所确定的城市村镇建设用地,被称为"圈内用地"。为实施规划,需要占用圈内用地,涉及农用地的,应当办理农用地转用审批手续;涉及集体所有土地的,应当办理土地征收审批手续。在已批准的农用地转用范围内,具体建设项目用地由市、县人民政府批准,由市、县国土资源部门依法供应。
三	圈外单独选址建设项目用地	能源、交通、水利、矿山、军事设施等建设项目确需圈外土地的,经批准可以在圈外单独选址建设。涉及农用地的,应当办理农用地转用审批手续;涉及集体所有土地的,应当办理土地征收审批手续。土地供应方案在办理农用地转用和土地征收时一并批准。
四	使用国有农用地	建设需要使用国有农用地的,应当在办理农用地转用审批手续转为国有建设用地后,依法办理供应手续,不用办理征收手续。
五	直接使用集体建设用地	1.乡镇村公益事业、公共设施用地。2.村民住宅。3.集体经济组织兴办企业或者与其他单位、个人以土地使用权入股、联营等形式共同举办企业的。4.以集体经济组织为主体开发建设公租房、乡村休闲旅游养老等产业,或者以集体建设用地使用权作价出资入股、联营与其他企业合作开发此类产业的。5.在

续表 7-3

方案	用地性质	用地使用方案
五	直接使用集体建设用地	33个农村"三块地"改革试点[①]，集体建设用地使用权可以出让、租赁、作价出资或入股，用于商品住宅以外的经营性项目。6.返乡下乡创业人员，可依托自有和闲置农房院落发展农家乐；也可通过租赁农房或与拥有合法宅基地、农房的当地农户合作改建自住房。
六	使用国有未利用地	建设项目可以使用土地利用总体规划确定的国有未利用地，不需修改规划，也不用办理转用和征收手续，直接批准用地。
七	使用集体未利用地	可以参照方案五，直接作为集体建设用地使用。而国家建设项目使用集体未利用地的，应当办理土地征收审批手续后依法供地；不需要办理农用地转用手续，不需要用地计划指标，不缴纳新增费和耕地开垦费。
八	使用设施农用地	1.设施农用地指的是设施农业项目区域内直接用于经营性养殖的畜禽舍、工厂化作物栽培或水产养殖的生产设施用地、附属设施用地和配套设施用地，农村宅基地以外的晾晒场等农业设施用地。2.设施农业项目不同于一般的建设项目，其用地也不同于一般建设项目用地，符合要求的设施农用地不属于建设用地，而是按农用地进行管理，不需办理农用地转用审批手续，不作为新增建设用地管理。要留意附属设施和配套设施用地有一定比例限制。3.设施农用地不包括以下用地：经营性粮食存储、加工和农机农资存放、维修场所；以农业为依托的休闲观光度假场所、各类庄园、酒庄、农家乐；各类农业园区中涉及建设永久性餐饮、住宿、会议、大型停车场、工厂化农产品加工、展销等用地。

---

① 2015年2月，全国人大常委会通过决定，授权国务院在北京市大兴区等33个试点县市区行政区域暂时调整实施有关法律规定。试点县市区暂停实施土地管理法、城市房地产管理法的6个条款，按照重大改革于法有据的原则推进农村"三块地"改革试点，即农村土地征收、集体经营性建设用地入市、宅基地制度改革试点。2017年11月，十二届全国人大常委会第三十次会议通过决定，北京市大兴区等33个农村土地制度改革试点期限延长一年至2018年12月31日。

续表 7-3

方案	用地性质	用地使用方案
九	结合土地整治、村庄整治安排用地	土地整治是对项目区内田、水、路、林、村等的综合整治和统一安排，必然涉及项目区内各类用地的重新布局、安排和产权调整。各地应依据经批准的土地整治实施规划，相应调整项目区内各类用地产权和地类，直接为项目区内原用地单位整治后的用地办理相应用地手续，不再办理农用地转用审批手续，也不占用指标。安排原用地者用地后的剩余部分，应当依法办理供地手续。
十	其他	1.使用增减挂钩项目建新区用地的，视同建设用地。2.农业项目使用国有农用地，有承包经营、承包经营权流转、由农场职工按要求耕种等方式。3.农业项目使用集体农用地，有承包经营、承包经营权流转、四荒地（荒山、荒沟、荒丘、荒滩）拍卖、由原农户按要求种植等方式。4.使用四荒地等未利用地的，有承包经营、四荒地拍卖、流转等方式，使用年限最长50年，使用方向包括开荒造林、治沙改土以及休闲农业、设施农业等，用于非农业建设需要审批。5.农村三项建设使用圈内农用地的，应当先行办理农用地转用手续，转为集体建设用地后，再由县市人民政府批准使用。6.符合条件的农村道路用地和农田水利设施用地属于农用地，不属于建设用地，不办理农用地转用手续，不占建设用地指标。7.地质灾害治理工程用地，按照地质灾害治理项目办理项目审批手续，不办理征收、转用手续，不占用指标，但应当足额安置补偿。8.根据项目具体需求不同，还有填海造地、临时用地、先行用地、一般采矿用地、石油天然气钻采及配套用地、闲置地处置与利用、工矿废弃地利用或复垦置、低效地再开发利用、管线用地（需设置地役权）、低丘缓坡用地、光伏用地、新产业新业态用地以及农村党建、医疗、图书、体育等配套用地等用地解决方案可供选择。9.通过市场解决项目用地，如以转让方式取得土地使用权；以股权转让方式取得目标公司控制权，进而实现利用目标土地的目的；以合作开发方式利用目标土地；原有建设用地依法改变用途等土地使用条件或办理出让、租赁等有偿用地手续后，用作发展项目用地。

康养小镇 PPP 土地法律实务

康养小镇 PPP 项目的用地是一个重点问题，也是一个难点问题。按照财政部《关于印发政府和社会资本合作模式操作指南（试行）的通知》（财金〔2014〕113号），规范政府和社会资本合作模式（PPP）项目识别、准备、采购、执行、移交各环节操作流程，并对 PPP 项目采购方式做出详细规定，应按照《中华人民共和国政府采购法》及相关规章制度执行，采购方式包括公开招标、竞争性谈判、邀请招标、竞争性磋商和单一来源采购。通常情况下，土地使用权的出让采取招拍挂的方式。因此，容易出现社会资本中标康养小镇 PPP 项目后，土地被第三方拍走的情况。此外，康养小镇 PPP 项目还存在土地租赁期限匹配的问题：当前，我国康养小镇普遍采取 PPP 模式合作，而 PPP 项目合同期限通常为 10 年到 30 年。与污水处理、垃圾焚烧、立体停车库等单体 PPP 项目相比，康养小镇 PPP 项目投资规模更大，合作期限也更长，合作期限通常在二十年以上甚至超过三十年。

对于长期租赁方式使用土地的，《规范国有土地租赁若干意见》（国土资发〔1999〕222号）指出不得超过二十年。因此，康养小镇PPP项目开发者在以长期租赁方式获取土地时，应该考虑二十年租赁期限的限制。否则，就会出现项目在合作期而国有土地长期租赁协议到期的情况。对此，权威人士建议，如果采取长期租赁形式使用土地，可以在租赁合同上设置优先条款以保障特色小镇开发建设的安全性、稳定性和持续性。

要合法、依规地操作康养小镇PPP项目的土地问题，必须对相关法律法规和政策有充分的理解和认知。

一、项目建设用地竞争与社会资本方采购合并实施

研究发现，对于PPP项目，我国实行项目建设用地竞争出让环节与社会资本方采购环节合并实施的政策。

财政部《关于联合公布第三批政府和社会资本合作示范项目》（财金〔2016〕91号）提出："依法需要以招标拍卖挂牌方式供应土地使用权的宗地或地块，在市、县国土资源主管部门编制供地方案、签订宗地出让（出租）合同、开展用地供后监管的前提下，可将通过竞争方式确定项目投资方和用地者的环节合并实施。"[①]

国家发展改革委《传统基础设施领域实施政府和社会资本合作项目工作导则》（发改投资〔2016〕2231号），明确指出："各地要

---

① 文件同时规定，PPP项目用地应当符合土地利用总体规划和年度计划，依法办理建设用地审批手续。在实施建设用地供应时，不得直接以PPP项目为单位打包或成片供应土地，应当依据区域控制性详细规划确定的各宗地范围、用途和规划建设条件，分别确定各宗地的供应方式：符合《划拨用地目录》的，可以划拨方式供应；不符合《划拨用地目录》的，除公共租赁住房和政府投资建设不以营利为目的、具有公益性质的农产品批发市场用地可作价出资方式供应外，其余土地均应以出让或租赁方式供应，及时足额收取土地有偿使用收入。

积极创造条件，采用多种方式保障PPP项目建设用地。如果项目建设用地涉及土地招拍挂，鼓励相关工作与社会资本方招标、评标等工作同时开展。"

国土资源部《产业用地政策实施工作指引》（国土资厅发〔2016〕38号），对解决PPP项目用地问题进行了明确规定，采用政府和社会资本合作方式（PPP模式）实施项目建设时，相关用地需要有偿使用的，可将通过竞争方式确定项目投资方式和用地者的环节合并实施使用。

需要重点指出的是：包括康养小镇在内的特色小镇开发主体或其他社会资本，除通过规范的土地市场取得合法土地权益外，不得违规取得未供应的土地使用权或变相取得土地收益，不得作为项目主体参与土地收储和前期开发等工作，不得借未供应的土地进行融资；PPP项目的资金来源与未来收益及清偿责任，不得与土地出让收入挂钩（财金〔2016〕91号）。此外，《国有土地使用权出让收支管理办法》（财综〔2006〕68号）指出：土地出让收支需全额纳入地方基金预算管理，收入全部缴入地方国库，支出一律通过地方基金预算从土地出让收入中予以安排，未列入预算的各类项目一律不得通过土地出让收入支出，实行彻底的"收支两条线"。

二、康养小镇PPP项目国有土地供应

特色小镇PPP项目如果涉及国有土地，有划拨和出让两种供应方式。国有土地采取划拨方式对社会资本最为有利，一是可以降低投资规模，二是可以降低投资风险。

需要指出的是：土地划拨不得改变土地用途，且必须符合《划拨用地目录》。此外，划拨土地使用权如果进行融资抵押，必须经市、县人民政府土地管理部门批准，并符合下列条件：（一）土地使用者为公司、企业、其他经济组织和个人；（二）领有国有土地使用证；

（三）具有合法的地上建筑物、其他附着物产权证明；（四）依照《中华人民共和国城镇国有土地使用权出让和转让暂行条例》和《划拨土地使用权管理暂行办法》规定签订土地使用权出让合同，向当地市、县人民政府交付土地使用权出让金或者以转让、出租、抵押所获收益抵交土地使用权出让金（《划拨土地使用权管理暂行办法》第六条）。

三、土地出让金作价入股问题

康养小镇PPP项目投融资结构是一个重要的问题，其主要有两种模式：一种是完全由社会资本投资PPP项目，项目出资和融资的责任由社会资本方全部来承担；另一种是由政府和社会资本共同出资成立PPP项目公司，以PPP项目公司的名义对外融资，但这种结构通常情况下政府以存量资产出资、社会资本以现金出资，且政府股份不超过50%。

项目涉及地方政府以土地出让金作价入股PPP项目公司的情况，有两个问题必须解决：一是没有经过招拍挂流程（否则，土地可能被第三方拍走），存在政府收益减少或收益让渡给社会资本导致国有资产流失的问题；二是出现政府在PPP项目公司所占的比例超过50%的情形，这与法规和政策要求PPP项目公司中政府股份的规定相悖。

四、征地拆迁费用问题

专业人士指出，对于政府方以划拨方式提供项目用地的，鉴于征地拆迁费用承担不宜列入PPP合作范围，且无法进行PPP模式要求的物有所值评价和绩效考核，因此，建议尽量不安排由社会资本承担征地拆迁费用，由政府通过其他方式筹资解决。

# 第八章
康养小镇未来发展

本章导读

　　康养小镇发展前景广阔
　　康养小镇PPP需政策引领
　　科学引导康养小镇健康发展

康养小镇发展前景广阔

在我国老年医疗健康市场供求严重失衡的背景下，综合医疗、康复、护理、养老各类服务且能为老年群体提供连续性健康服务的健康小镇发展空间巨大。

一、我国健康产业快速发展

健康产业是一个具有巨大潜力的新兴产业，是指维护健康、修复健康、促进健康的产品生产、服务提供及信息传播等活动的总和，其包括医疗服务、医药保健产品、营养保健产品、医疗保健器械、休闲保健服务、健康咨询管理等多个与人类健康紧密相关的生产和服务领域。目前，我国健康服务产业链主要有五大基本产业群：一是以医疗服务机构为主体的医疗产业；二是以药品、医疗器械、医疗耗材产销为主体的医药产业；三是以保健食品、健康产品产销为主体的保健品产业；四是以健康检测评估、咨询服务、调理康复和保障促进等为主体的健康管理服务产业；五是健康养老产业。

以老年人医疗健康市场为例。高血压、心脑血管病、糖尿病等是老年人的常见病。《中国心血疾病报告2014》显示，我国城市和农村60岁（含）以上的老年人高血压患病率分别为61.8%和56.4%。而根据消费者协会的调查，医疗保健费用大约占到老年人全部支出费用的19%，老年人医疗保健支出规模超过8000亿元。

随着我国经济社会快速发展，居民收入水平不断提高，消费结构不断升级，再加上人口老龄化越来越严重，人们对健康服务的需求日益旺盛，可以预见，未来我国大健康产业将迎来广阔的前景。

再以医疗康复需求市场为例。我国医疗康复需求市场大。从产业环节看，康复产业主要分为上游各类材料配件、信息技术供应等，中游各类康复医疗器械相关公司，下游包括医院、残疾人康复机构、养老机构等康复机构与终端患者。

一方面，65岁及以上的老年人大都患有慢性病，且常多病共存，比如心血管疾病、呼吸系统疾病、神经系统疾病、骨关节肌肉疾病，均具有康复治疗需求[1]。另一方面，我国老年病专科受重视程度较低，老年医学科培训体系缺乏，专业康复医疗机构十分匮乏。此外，我国养老医疗护理专业人才严重不足，与发达国家相比，我国持证专业护理人才差距较大。

总的来说，康复医疗目前在我国仍处于初级阶段，供需缺口大，行业潜力十足。

---

[1] 数据显示，2015年，中国约有20%的老年人为失能或半失能老人，预计该比例至2025年将提升至26%，总人数将达8000万，这些老年人均具有较强的专业护理需求。

我国"十三五"规划确定的养老目标是："城市日间照料社区全覆盖，农村覆盖率超过50%，每千名老人拥有养老床位35张到45张"。即到2020年，我国养老床位数量应在800万张以上。目前，国内每千名老人拥有养老床位约26张，城市日间照料社区覆盖率70%，农村覆盖率为37%，整体床位缺口高于200万张。由此可见，健康养老产业，不管是从市场覆盖率，还是每千名老人拥有的床位数量，都存在很大的缺口和不足，养老服务产业未来发展空间巨大。经测算，我国老年人的生活成本主要包含衣、食、住、行以及健康、娱乐等基础消费。数据显示，我国养老市场规模高达4万亿元。

目前，我国健康养生产业仅占国民生产总值的4%~5%，低于许多发展中国家。而在发达国家，这一比例普遍超过15%，健康养生产业正逐渐成为带动国民经济发展的巨大动力。

就我国而言，我国老龄化日益严重，人们对优质、健康生活的刚性需求，形成了一个巨大的健康养老市场。

二、我国已经进入大众旅游时代

我国旅游业起步虽然较晚，但发展迅猛。尤其是自改革开放以来，随着我国经济社会持续快速发展和居民收入水平的提高，我国旅游人数和旅游收入持续快速增长，我国已经进入大众旅游时代。

据前瞻产业研究院《2016—2021年中国旅游行业市场前瞻与投资战略规划分析报告》显示，进入21世纪以后，我国旅游业得到了长足的发展，旅游业总收入从2008年的1.16万亿元增长到2014年的3.25万亿元，旅游总人数从2008年的17.12亿人次增长到2014年的36亿人次，年复合增长率分别达到13.74%和9.74%。当前，我国每年的国内旅游人数超过44亿人次。

大众旅游时代背景下，观光、休闲、娱体、康养等各种消费模式逐渐成为休闲生活主流。调研发现，避暑、避霾、避寒"三避"

与养生、养心、养老"三养",再加上"城市微度假"①,"旅游+健康"成为新时期的一种新模式。据国家旅游局《中国旅游业统计公报》数据显示,从2006年至2015年,十年间,国内旅游收入总体呈现稳步增长态势,收入从2006年的6229.7亿元上升到2015年的34195.1亿元,年复合增长率达到19%。2015年,国内旅游总人数40亿人次,国内旅游收入34195.1亿元,入境旅游收入1136.50亿美元,中国已成为世界上第二大入境旅游接待国及第一大出境旅游客源国。

数据统计显示,以健康养生为目的的旅游消费者整体上比普通游客多花费130%的旅游费用,健康养生旅游的收入效应远远大于传统的旅游产业及医疗产业。调研发现,我国旅游产业与健康产业正有机结合,旅游度假与健康产业正加速融合,这无疑为康养小镇的建设、运营与发展奠定了坚实的基础。

三、康养小镇是特色小镇的一种类型

随着我国老龄化社会的到来,健康养老日益成为社会的热点问题,也是政府高度关注的民生问题。与此同时,近几年,我国开始大力推广特色小镇,包括文旅小镇、农业小镇、康养小镇、基金小镇、互联网小镇、航天航空小镇等各类小镇遍地开花,尤其是以浙江省为代表的特色小镇效果明显,在我国经济社会进步、产业结构调整、劳动力就业、人居环境改善等各方面都起到重要的作用。

研究发现,在各类特色小镇中,或多或少都会导入健康养老产业。康养小镇自不必说,因为其本身就是以健康养老为主导产业。不仅如此,在文旅类特色小镇、农业类特色小镇以及相关生态良好、

---

① 在互联网技术蓬勃发展的今天,旅游业更趋向于散客化、休闲化、自助化,短时间、近距离的"微度假",从"背上背包就走"升级到"说走就走的旅行",将成为都市旅游者的首选,也成为城市家庭常态化的生活方式。

环境优美的特色小镇中也植入了健康养老产业。以农业小镇为例，通常情况下，农业小镇与美丽乡村建设、田园综合体等密切相关，这些地方自然生态环境良好，风景优美，具备健康养老的天然优势。

梳理发现，我国特色小镇的主要类型有信息技术、节能环保、健康养生、时尚、金融、现代制造、历史经典、商贸物流、农林牧渔、创新创业、航空航天、能源化工、旅游、生物医药、文体教育等（如表 8-1 所示）。从涉及的主要行业看，特色小镇一类是战略性新兴行业[①]，另一类是历史经典行业。2016 年 10 月，住房城乡建设部公布北京市房山区长沟镇等 127 个第一批中国特色小镇。按其推荐的特色小镇类型，可以分为工业发展型、历史文化型、旅游发展型、民族聚居型、农业服务型和商贸流通型。

表 8-1　　　　　　　　　　　　　　　　　　　　国内特色小镇主要类型

序号	主要类型	代表性案例
1	特色产业型	浙江诸暨大唐袜艺小镇、浙江嘉善巧克力甜蜜小镇、浙江桐乡毛衫时尚小镇、浙江玉环生态互联网家居小镇、浙江平阳宠物小镇、广东东莞石龙小镇。
2	新兴产业型	余杭梦想小镇、西湖云栖小镇、临安云制造小镇、江干东方电商小镇、上虞e游小镇、德清地理信息小镇、余杭传感小镇、秀洲智慧物流小镇、天子岭静脉小镇、枫泾科创小镇、新塘电商小镇、太和电商小镇、黄埔知识小镇、朱村科教小镇、福山互联网农业小镇、菁蓉创客小镇。

---

① 战略性新兴产业是以重大技术突破和重大发展需求为基础，对社会经济全局和长远发展具有重大引领带动作用，知识技术密集、物质资源消耗少、成长潜力大、综合效益好的产业。根据战略性新兴产业的特征，立足我国国情和科技、产业基础，现阶段重点培育和发展节能环保、新一代信息技术、生物、高端装备制造、新能源、新材料、新能源汽车等产业。

康养小镇

续表 8-1

序号	主要类型	代表性案例
3	历史文化主题	贵州凯里西江苗寨、四川汶川羌族水磨镇、云南楚雄彝人古镇、北京密云古北水镇、浙江桐乡乌镇、龙泉青瓷小镇、浙江湖州丝绸小镇、浙江上虞围棋小镇、山西平遥古城、茅台酿酒小镇、河北永年太极小镇、新兴禅意小镇。
4	高端制造型	浙江萧山机器人小镇、浙江宁海智能汽车小镇、浙江长兴新能源小镇、浙江宁波江北动力小镇、浙江秀洲光伏小镇、浙江海盐核电小镇、浙江江山光谷小镇、浙江新昌智能装备小镇、浙江南浔智能电梯小镇、山东城阳动车小镇、浙江台州沃尔沃汽车小镇。
5	创意农业依托型	河北邢台牡丹小镇、浙江丽水茶香小镇、河北邯郸馆陶粮画小镇。
6	金融创新型	杭州上城玉皇山南基金小镇、宁波梅山海洋金融小镇、浙江义乌丝路金融小镇、杭州西溪谷互联网金融小镇、杭州拱墅运河财富小镇、杭州乌镇互联网小镇、北京房山基金小镇、广州万博基金小镇、广州新塘基金小镇。
7	生态旅游型	浙江仙居神仙氧吧小镇、浙江武义温泉小镇、浙江宁海森林温泉小镇、浙江乐清雁荡山月光小镇、浙江临安红叶小镇、浙江青田欧洲小镇、浙江景宁畲乡小镇、杭州湾花田小镇、海南万宁水乡小镇、琼海龙江碧野小镇、广州莲麻乡情小镇、广州锦洞桃花小镇、云南丽江玫瑰小镇。
8	城郊休闲型	浙江安吉天使小镇、浙江丽水长寿小镇、浙江太湖健康蜜月小镇、浙江临安颐养小镇、浙江瓯海生命健康小镇、海南琼海博鳌小镇、贵州安顺旧州美食小镇、北京小汤山温泉小镇、海南大路农耕文明小镇、吉林通化龙溪谷健康小镇、广州钟落潭健康小镇。

续表 8-1

序号	主要类型	代表性案例
9	景区依托型	北京房山区十渡镇、湖北省秭归县九畹溪镇、四川九寨沟漳扎镇。
10	互联网创业型	浙江杭州梦想小镇。
11	休闲运动型	长白山万达国际滑雪小镇。
12	艺术主题型	河北衡水周窝音乐小镇、云南丽江古城区九色玫瑰彩色小镇。
13	康体疗养型	河北隆化热河温泉小镇、浙江桐庐健康小镇。
14	特色风情主题型	浙江嘉善欧陆风情巧克力甜蜜小镇。
15	时尚创意型	杭州余杭艺尚小镇、杭州滨江创意小镇、杭州西湖艺创小镇、杭州江干丁兰智慧小镇、浙江安吉影视小镇、浙江兰亭书法文化创意小镇、浙江乐清蝴蝶文创小镇、北京杨宋中影基地小镇、北京宋庄艺术小镇、山东张家楼油画小镇、广州狮岭时尚产业小镇、广州增江街1978文化创意小镇。
16	边境风情型	中俄边境·内蒙古满洲里风情小镇、中老边境·云南磨憨风情特色小镇、中蒙边境·内蒙古满都拉边境风情小镇。
17	购物型	北京中粮祥云小镇、天津佛罗伦萨小镇。
18	影视IP主题型	浙江东阳横店影视主题小镇、华谊兄弟长沙电影小镇。
19	民宿依托型	浙江临安河桥民宿小镇、深圳大鹏半岛较场尾民宿小镇。
20	主题娱乐型	青岛灵山湾旅游度假区冰雪童话小镇、上海迪士尼小镇、深圳欢乐谷金矿小镇。
21	交通区域型	福建建德航空小镇、浙江萧山空港小镇、浙江宁海滨海航空小镇。

康养小镇 PPP 需政策引领

作为新生事物和我国重点推广的国家战略，无论是 PPP 还是康养小镇，在我国都处于起步阶段。因此，对中央和地方政府而言，如何吸引社会资本介入康养小镇 PPP 项目，如何从政策上引领康养小镇 PPP 是政府应该重点考虑的问题。

一、提供财政和税收优惠政策

鉴于康养小镇 PPP 项目处于起步阶段，尚未得到广泛的应用。因此，要大力发展康养小镇 PPP，需要国家从土地、财政、税收等方面提供更多支持。具体来说，政府应给予社会资本在康养小镇 PPP 建设和运营阶段一定的财政支持和税收减免政策，以降低社会资本的投资规模和成本，提高项目投资回报率。

通过提供财政和税收优惠政策，一是对社会资本而言，可以提高其投资康养小镇 PPP 项目的积极性;二是对地方政府来说,虽然在项目建设和运营阶段减少部分财政收入,但从康养小镇建设和运营本身来看,可以大大改善地方政府招商环境,解决大量人口就业,尤其是康养小镇建成后,未来的经济增长以及一些衍生性产业会补充地方政府的税收。以浙江省特色小镇建设为例,在税收奖励方面,特色小镇在创建期间及验收命名后,其规划空间范围内的新增财政收入上交省财政部分,前 3 年全额返还、后 2 年返还一半给当地财政。

二、提供金融支持政策

众所周知,投资 PPP 项目尤其是康养小镇 PPP 项目,社会资本自身也面临资金不足的问题。因此,国家需要从资金层面支持,以解决社会资本的后顾之忧。除了提供财政和税收优惠政策,金融政策也是促进康养小镇 PPP 项目落地的重要因素。

分析认为,国家对于特色小镇 PPP 项目提供金融支持时,不仅要出台相应的金融政策,还需要建立符合特色小镇 PPP 项目的金融体系,如减轻社会资本利息负担、发行特色小镇 PPP 项目的项目收益债、资产证券化等。目前,住房城乡建设部、财政部、国家发展改革委等部委以及国家开发银行、中国农业发展银行等政策性银行在金融支持特色小镇采取 PPP 模式方面已迈开了步伐。

三、政策引导财政金融助力康养小镇

梳理发现,近几年,我国在大力推广特色小镇的同时,在财政金融方面相继出台政策支持特色小镇发展,如表 8-2 所示。

表 8-2　　　　　　　　　　　　　　　政策支持财政金融助力特色小镇

时间	发文部门	文件名称	主要内容
2016年10月	国家发展改革委	《关于加快美丽特色小（城）镇建设的指导意见》（发改规划〔2016〕2125号）	鼓励政府利用财政资金撬动社会资金，共同发起设立特色小镇建设基金；鼓励国家开发银行、农业发展银行、农业银行，以及其他金融机构加大金融支持力度；鼓励有条件的小城镇通过发行债券等多种方式拓宽融资渠道。
2016年10月	住房城乡建设部、中国农业发展银行	《关于推进政策性金融支持小城镇建设的通知》（建村〔2016〕220号）	在支持范围、贷款项目库、项目管理等方面做出了明确要求。各地要充分认识培育特色小镇和推动小城镇建设工作的重要意义，发挥政策性信贷资金对小城镇建设发展的重要作用，做好中长期政策性贷款的申请和使用，不断加大小城镇建设的信贷支持力度，切实利用政策性金融支持，全面推动小城镇建设发展。
2016年12月	国家发展改革委	《关于实施"千企千镇工程"推进美丽特色小（城）镇建设的通知》（发改规划〔2016〕2604号）	"千企千镇工程"的典型地区和企业，可优先享受有关部门关于特色小（城）镇建设的各项支持政策，优先纳入有关部门开展的新型城镇化领域试点示范。国家开发银行、中国光大银行将通过多元化金融产品及模式对典型地区和企业给予融资支持，鼓励引导其他金融机构积极参与。国家开发银行、中国光大银行各地分行要把特色小（城）镇建设作为推进新型城镇化建设的突破口，对带头实施"千企千镇工程"的企业等市场主体和特色小（城）镇重点帮扶，优先支持。

续表 8-2

时间	发文部门	文件名称	主要内容
2017年1月	国家发展改革委、国家开发银行	《关于开发性金融支持特色小（城）镇建设促进脱贫攻坚的意见》（发改规划〔2017〕102号）	根据各地发展实际，精准定位、规划先行，科学布局特色小（城）镇生产、生活、生态空间。通过配套系统性融资规划，合理配置金融资源，为特色小（城）镇建设提供金融支持，着力增强贫困地区自我发展能力，推动区域持续健康发展。
2017年1月	住房城乡建设部、国家开发银行	《关于推进开发性金融支持小城镇建设的通知》（建村〔2017〕27号）	小城镇建设任务艰巨，资金需求量大，迫切需要综合运用财政、金融政策，引导金融机构加大支持力度。重点支持内容：一是支持以农村人口就地城镇化、提升小城镇公共服务水平和提高承载能力为目的的设施建设；二是支持促进小城镇产业发展的配套设施建设；三是支持促进小城镇宜居环境塑造和传统文化传承的工程建设。
2017年4月	住房城乡建设部、中国建设银行	《关于推进商业金融支持小城镇建设的通知》（建村〔2017〕81号）	一是加大信贷支持力度，中国建设银行将统筹安排年度信贷投放总量，加大对小城镇建设的信贷支持力度。对纳入全国小城镇建设项目储备库的推荐项目，予以优先受理、优先评审和优先投放贷款。二是做好综合融资服务，充分发挥中国建设银行集团全牌照优势，帮助小城镇所在县（市）人民政府、参与建设的企业做好融资规划，提供小城镇专项贷款产品。根据小城镇建设投资主体和项目特点，因地制宜提供债券融资、股权投资、基金、信托、融资租赁、保险资金等综合融资服务。三是创新金融服务模式，中国建设银行将在

续表 8-2

时间	发文部门	文件名称	主要内容
2017年4月	住房城乡建设部、中国建设银行	《关于推进商业金融支持小城镇建设的通知》（建村〔2017〕81号）	现有政策法规内积极开展金融创新。探索开展特许经营权、景区门票收费权、知识产权、碳排放权质押等新型贷款抵质押方式。探索与创业投资基金、股权基金等开展投贷联动，支持创业型企业发展。
2015年10月	中国人民银行杭州中心支行、浙江省特色小镇规划建设工作联席会议办公室	《关于金融支持浙江省特色小镇建设的指导意见》（杭银发〔2015〕207号）	一是拓宽融资渠道，支持特色小镇项目建设。加大对特色小镇项目的信贷支持，支持特色小镇项目发债融资，引导社会资金参与特色小镇建设，加强金融机构与PPP项目的融资对接。二是创新金融产品，助推特色小镇产业发展。发展特色小镇产业链融资，支持特色小镇创业创新，加强特色小镇文化与金融结合，鼓励开展互联网金融创新。三是完善支付体系，提升特色小镇金融服务便利化程度。完善特色小镇支付基础设施，分类推进特色小镇非现金支付业务应用，对历史经典、旅游、时尚等产业为特色的小镇，重点推动使用银行卡结算，实施支付结算各项便利措施。四是优化网点布局，完善特色小镇金融服务体系。加强特色小镇银行网点建设，推动设立专营机构。五是加强多方合作，支持金融特色小镇做优做强。为特色小镇各类金融产品提供全程配套支付服务，鼓励银行业金融机构与特色小镇的企业投资、风险投资、天使投资等开展合作，实现投贷联动。六是加大政策扶持，优化特色小镇

续表 8-2

时间	发文部门	文件名称	主要内容
2015年10月	中国人民银行杭州中心支行、浙江省特色小镇规划建设工作联席会议办公室	《关于金融支持浙江省特色小镇建设的指导意见》（杭银发〔2015〕207号）	金融生态环境。加强货币政策工具的引导和支持，深化特色小镇信用体系建设，建立并完善农户信用档案和"三信"创建成果的转化机制。

此外，部分地方政府结合本地情况加大财政金融政策支持力度。以江苏省为例，为充分整合现有政策资源，支持特色小镇建设，江苏省《关于培育创建江苏特色小镇的指导意见》明确对特色小镇建设的专项支持政策，创新特色小镇建设投融资机制，激发市场主体活力，推进政府和社会资本合作，鼓励利用财政资金撬动社会资金，共同发起设立特色小镇建设基金。鼓励金融机构加大金融支持力度。支持特色小镇发行企业债券、项目收益债券、专项债券或集合债券用于公用设施项目建设[①]。再以福建省为例，福建省《关于开展特色小镇规划建设的指导意见》明确指出，特色小镇范围内符合条件的项目，将优先支持特色小镇向国家开发银行、中国农业发展银行等政策性银行争取长期低息的融资贷款。鼓励特色小镇完善生活污水处理设施和生活垃圾处理收运设施建设，省级财政给予"以奖代补"

---

① 江苏省《关于培育创建江苏特色小镇的实施方案》指出，要强化财政扶持，对纳入省级创建名单的特色小镇，在创建期间及验收命名后累计3年内，每年考核合格后给予200万元奖补资金。将列入省级创建名单的特色小镇符合要求的项目，纳入相关引导资金补助范围。鼓励和引导政府投融资平台和财政出资的投资基金，加大对特色小镇基础设施和产业示范项目支持力度。在融资支持方面，支持设立特色小镇产业投资基金。创建期间，支持特色小镇发行企业债券、项目收益债券、专项债券或集合债券等各类债权融资工具用于特色小镇公用设施项目建设。支持特色小镇范围内符合条件的项目申请国家专项建设基金、省级战略性新兴产业发展专项资金、省级现代服务业发展专项资金和省PPP融资支持基金等。将通过多元化融资产品及模式对省级特色小镇给予融资支持。省级层面组织特色小镇与各类金融机构和社会资本开展战略合作，推进差别化投融资创新，帮助协调解决重点难点问题。

资金倾斜支持。

四、完善专业人才引进政策

特色小镇建设强调的是"产业、文化、旅游、社区"等各种要素的整合，对康养小镇项目而言，其核心在于发展健康、养老、养生等核心产业，建设和运营集产业、文化、旅游和社区功能于一体的经济综合体。现实情况是，地方政府在康养小镇的建设和运营方面的能力不强。因此，为了康养小镇PPP项目的顺利实施，国家和地方政府应该采取各种有力措施，培养和引进一批PPP领域和康养小镇建设运营领域的专业人才，重点是技术、财务、法律、金融、管理等方面的复合型人才，以保障康养小镇建设和运营的长远发展。

总的来说，在财政、税收、金融、资本、人才等政策的大力支持下，我国康养小镇将迎来重要的黄金发展期。

科学引导康养小镇健康发展

如何规范、科学地发展康养小镇，成为当下政府和社会资本重点考虑的问题。

一、要强化政府引导

专家指出，从全国范围看，特色小镇的建设主要有三种模式。第一种模式是"政府引导、企业建设"，如北京密云古北水镇，是由中青旅根据密云区的城镇发展规划要求投资建设的旅游特色小镇。第二种模式是"政企合作、联动建设"，如浙江杭州云栖小镇，就是由杭州市西湖区政府与阿里巴巴云公司和转塘科技经济园两大平台共同打造一个的以云生态为主导的产业小镇。第三种模式是"政府建设、市场招商"，如北京基金小镇是由北京市文资办、北京市房山区政府与文资泰玺资本联手打造。

从国家对特色小镇建设的要求来看,"政府引导、企业主体、市场化运作"是对特色小镇建设的关键指导,即政府搭建事业平台,为特色小镇建设提供服务(重点是小镇的定位、规划和建设运营监督)。而在特色小镇的建设中,主体应该是通过市场化的手段引进的各类社会资本而非政府部门。因此,在建设康养小镇的过程中,应该强化政府的引导作用,将"政府引导、企业主体、市场化运作"作为根本,通过规划布局、创新制度供给来发挥政府的引导和服务作用。

(一)坚持规划先行

当下我国遍地开花的"特色小镇"建设中暴露出一些问题,如部分地方政府对特色小镇采取"捡进篮子就是菜"的态度,对特色小镇的发展没有长远规划,甚至出现对生态环境造成破坏的现象。

规划是设计、投融资、建设和运营的前提,从前期部分地方政府操作特色小镇的情况来看,存在急功近利的问题,对康养小镇没有长远规划,最后导致南辕北辙。因此,地方政府要围绕产业"特而强"、功能"聚而合"、形态"小而美"、文化"特而浓"的特点做好康养小镇的规划。具体来说,政府要充分发挥规划引领作用,高水平编制规划,不仅编制概念性规划,还要编制控制性详规,实行多规融合,并突出规划的前瞻性、协调性、操作性和有效性,以确保康养小镇规划可落地。

2017年1月,国家发展改革委联合国家开发银行出台了《关于开发性金融支持特色小(城)镇建设促进脱贫攻坚的意见》(发改规划〔2017〕102号),指出要坚持主体多元化、合力推进。要求加强规划引导。加强对特色小(城)镇发展的指导,推动地方政府结合经济社会发展规划,编制特色小(城)镇发展专项规划,明确发展目标、建设任务和工作进度。

(二)注重项目谋划,做好招商工作

在精心编制规划的同时,政府还要在产业招商方面下功夫,要紧

紧围绕确定康养小镇项目出台优惠政策，引进一大批资金雄厚、技术先进和管理经验丰富的社会资本，目的是将特色小镇的规划落到实处。

（三）避免盲目跟风

笔者认为，面对社会资本争相投向康养小镇项目的热潮，地方政府一定要高度警惕，避免盲目跟风和一哄而上。否则，会造成不利的后果，比如小镇低水平建设和同质化的竞争、为后期运营留下重重隐患。

2016年10月底，国家发展改革委发布《关于加快美丽特色小（城）镇建设的指导意见》（发改规划〔2016〕2125号），文件指出：坚持因地制宜，从各地实际出发，遵循客观规律，挖掘特色优势，体现区域差异性，提倡形态多样性，彰显小（城）镇独特魅力，防止照搬照抄、"东施效颦"、一哄而上。

二、坚持以市场为主导，发挥企业主体作用

在康养小镇建设方面，必须坚持以市场为主导，尊重市场规律，充分发挥市场在资源配置中的决定性作用，处理好政府与市场的关系，防止政府过多干预和大包大揽。

事实上，在康养小镇项目的建设中，政府的作用是引导，社会资本才是主体。地方政府的主要职能是做好小镇的规划和保护生态环境，为小镇的建设和运营提供包括政策和行政管理在内的优质服务。社会资本具体负责投资、融资、建设和运营。以浙江省为例，浙江省特色小镇建设从一开始就坚持以企业为主体并采取市场化运作。如衢州龙游红木小镇由浙江年年红家具集团一手创建，项目按照"制造基地+文化旅游"模式，全力打造以国学文化为基础，以紫檀文化为背景，融艺术观赏、文化研究、生态游憩、养生度假于一体的中国红木文化小镇。小镇规划规划占地240万平方米，建成后将有2.5万人居住，到2019年将完成80亿元投资。

在具体的操作层面，地方政府一定要携手优质的社会资本，重点是与资金实力雄厚、技术先进和管理经验丰富的社会资本合作，比如通过PPP模式投资建设运营基础设施建设和公共服务项目，利用社会资本的优势导入康养产业，提高康养小镇的整体产业能力和经营能力，无论对地方政府、社会资本，还是广大社会公众，都大有裨益。

三、加强康养小镇建设的考核，以创建制代替审批制

加强康养小镇建设的考核，是促使康养小镇科学规范建设的重要保障。

多年的实践经验表明，行政审批制度在严格和规范地方建设的同时，其自身的问题也越来越突出，最明显的是部分地方政府为获得国家财政补贴而不顾地方实际情况申报建设项目，结果让地方政府背上了沉重的债务压力。

可喜的是，为了科学规范包括康养小镇在内的特色小镇建设，部分地方提出"宽进严定"，开始用创建制代替审批制，并建立特色小镇的退出机制，对考核不合格的地方"摘牌"。比如浙江省采取创建制，从制度上保障了特色小镇建设的科学性：浙江省政府出台的《关于加快特色小镇规划建设的指导意见》（浙政发〔2015〕8号），明确指出特色小镇将采用"宽进严定"的创建方式，通过"自愿申报、分批审核、年度考核、验收命名"四个程序完成"特色小镇"创建。对纳入省重点培育特色小镇创建名单的对象，对如期完成年度规划目标任务的，省里按实际使用指标的50%给予配套奖励，其中信息经济、环保、高端装备制造等产业类小镇按60%给予配套建奖励；对3年内未达到规划目标任务的，加倍倒扣省奖励的用地指标。又比如天津市在特色小镇建设中，市级特色小镇年度建设任务纳入市人民政府对各区年度目标考核体系。对未完成年度目标考核任务的特色小镇，实行退出机制，下一年度起不再享受市级特色小镇扶持政策。

2016年底，山东省人民政府发布《山东省创建特色小镇实施方案》，到2020年，山东将创建100个左右产业上"特而强"、机制上"新而活"、功能上"聚而合"、形态上"精而美"的特色小镇。按照方案要求，特色小镇申报每年组织1次，按照创建内容，凡具备创建条件的均可申报。同时引入第三方评价机构，每年评价1次，实行动态管理制度。对第一年没有完成规划建设投资目标的，给予黄牌警告，对连续2年没有完成规划建设投资目标的，取消特色小镇创建资格。

2018年3月，国家发展改革委印发《关于实施2018年推进新型城镇化建设重点任务的通知》，对已公布的两批403个全国特色小城镇、96个全国运动休闲特色小镇，开展定期测评和优胜劣汰。这意味着已公布的499个特色小镇，部分面临被淘汰风险。

四、谨防借康养小镇之名，行房地产开发之实

调研发现，在红红火火的康养小镇推广热潮中，出现了一种与国家推广特色小镇初衷相悖的情况，即很多包括房地产开发商在内的社会资本在投资建设康养小镇时，更为看中的是康养小镇所在区域的地块，眼光瞄准的是别墅、公寓等房地产。也就是说，这些社会资本借的是康养小镇的"名"，行的是房地产开发的"实"。究其原因，一方面是部分地方政府和社会资本尤其是房地产开发商对特色小镇的理解不到位，认为特色小镇不过是另一场"造城运动"；另一方面，相比医疗养老行业投资大、见效慢，开发商拿地盖房、卖房可以赚快钱，何乐而不为。但是，这样做的后果是主次颠倒，真正解决民生健康和养生养老问题的康养小镇最后被别墅和高档公寓楼包围。

媒体调查发现，目前，建设特色小镇正成为一些社会资本尤其是房地产企业新的"掘金点"。自住房城乡建设部等部委联合发布的《关于开展特色小镇培育工作的通知》及相关政策后，在不到半年的时间内，国内就有多家房地产企业发布特色小镇战略。事实上，在如火如

茶的特色小镇建设大潮中，房地产企业正成为其中的主角。据澎湃新闻不完全统计，华夏幸福、碧桂园、华侨城、绿城等多家房企纷纷试水特色小镇。

调研发现，随着国家对房地产的调控，房地产企业将目光瞄准方兴未艾的特色小镇以寻求转型发展。而且，部分地区出现了借特色小镇建设之名行房地产开发之实的现象，当然也包括借康养小镇的名义开发建设房地产。分析指出，包括康养小镇在内的特色小镇发展一旦引入房地产业，就会拉高土地成本，特色产业则难以实现发展，最后会演变为房地产一业独大，极易陷入特色小镇房地产化的泥潭，所谓的"康养小镇"就异化为"房地产小镇"了，这需要引起各方的高度警惕。

综上所述，应避免打着"康养小镇"的名义搞房地产开发。

2016年10月，国家发展改革委发布《关于加快美丽特色小（城）镇建设的指导意见》（发改规划〔2016〕2125号），文件指出：特色小镇主要指聚焦特色产业和新兴产业，集聚发展要素。文件再次明确了特色小镇必须集聚特色产业，这充分说明了特色产业在特色小镇建设中举足轻重的地位。"坚持产业建镇，立足各地区要素禀赋和比较优势，挖掘最有基础、最具潜力、最能成长的特色产业，做精做强主导特色产业，打造具有核心竞争力和可持续发展特征的独特产业生态，防止千镇一面和房地产化。"

包括康养小镇在内的特色小镇建设房地产化倾向引起了国家的重视和行业主管部门的警惕。2017年12月，国家发展改革委、国土资源部、环境保护部和住房城乡建设部等4部委联合发布《关于规范推进特色小镇和特色小城镇建设的若干意见》，文件指出：坚持产业建镇，"立足各地区要素禀赋和比较优势，挖掘最有基础、最具潜力、最能成长的特色产业，做精做强主导特色产业，打造具有核心竞争力和可持续发展特征的独特产业生态，防止千镇一面和房地产化……严控房地产化倾向,各地区要综合考虑特色小镇和小城镇吸纳就业和常住人口规模,从严控制房地产开发,合理确定住宅用地比例,并结合所在市县商品住房库存消化周期确定供应时序。适度提高产业及商业用地比例,鼓励优先发展产业。科学论证企业创建特色小镇规划,对产业内容、盈利模式和后期运营方案进行重点把关,防范'假小镇真地产'项目。"

附录

某康养小镇 PPP 项目绩效考核机制

公开资料显示，某康养小镇 PPP 项目（以下简称"本项目"）是 × 县为改善生态环境，充分利用闲置土地资源，拓宽融资渠道，以促进经济发展，改善公共基础设施水平的重点项目。本项目的建设内容符合特色小镇发展的内涵要求，通过特色小镇模式运作可提升区域的整体效益，经政府批准采用 PPP 模式实施。项目整体以大健康产业为基础，引入养老康复、生命科技研发等健康产业，同时发展旅游产业，打造以大健康+特色旅游产业为特色的特色小镇。

一、绩效考核标准

（一）建设期绩效考核

1. 建设期绩效考核标准

建设期绩效考核每半年进行一次，在项目公司向政府方提交半年进度情况报告后 5 日内进行，并应在 7 日内完成。政府方需提前 48 小时通知项目公司开始考核的时间。项目公司在政府方的监督下，在规定的考核现场对建设管理、质量管理、进度管理、资金管理、安全管理、廉政建设、工程资料等方面进行考核打分，以所有分数的平均值作为建设期绩效考核的最终得分。建设期绩效考核各项分值及具体考核办法见附表 1。

附表 1　　　　　　　　　　　　　　　建设期绩效考核办法

考核项目（分值）	考核内容（分值）	扣分标准（分值）
一、综合管理（15）	1.强制性指标	① 存在违法转包、违规分包（扣10分）。 ② 超越资质要求承担施工任务（扣15分）。 ③ 因施工原因造成一般质量事故或安全事件（扣10分）。
	2.履约情况（8）	① 项目经理、主要技术负责人员未经业主同意而更换（2分）。 ② 更换的项目经理资质等级降低或专业不符（2分）。 ③ 拖欠分包商工程款和劳务人员工资（2分）。 ④ 未履行承诺配备主要施工设备（2分）。
	3.施工组织管理（7）	① 施工组织设计或施工方案未经监理同意而实施（2分）。 ② 未及时向监理报批开工申请，施工月报未按时送监理单位（2分）。 ③ 未履行对分包工程的管理职责及存在以包代管现象（1分）。 ④ 未达到文明施工要求（2分）。
二、质量管理（50）	1.质保体系（2）	*质量保证机构、制度未建立。质量管理人员和机构配置不齐全（2分）。
	2.质量控制（9）	① 未按规定要求进行自检（1分）。 ② 监理指令未落实（扣1分/次，2分）。 ③ 设备性能不满足工程需要，对工程建设造成影响（2分）。 ④ 工程变更、材料更换未履行报批程序（扣2分/次，4分）。

续附表 1

考核项目（分值）	考核内容（分值）	扣分标准（分值）
二、质量管理（50）	3.隐蔽工程、重要部位、重要工序施工（4）	①未按相关程序验收（2分）。 ②未通过检验合格就进入下道工序（2分）。
	4.质量检测（8）	*主要材料及构件未按规定进行检测，或检测资料不真实或等级不合格而投入使用，对工程建设造成影响。 ①工地实验室不符合规定或委托不满足规定资质要求的检测机构进行检测试验（2分）。 ②检测频率不够、签章不齐、未经监理审核批准等（扣1分/次，2分）。 ③材料及半成品进场及使用统计记录不规范（2分）。 ④使用了未按规定进行检测（验）或未通过检测的材料或构件，但未对工程造成影响（2分）。
	5.质量事故、问题及处理（7）	*发生质量问题影响工程建设的。 *发生一般质量事故未及时报告。 ①质量事故防治无预案措施（1分）。 ②质量通病防治无预案措施（1分）。 ③一般质量事故、问题处理不符合有关规定、不及时有效（扣2.5分/次，5分）。

续附表1

考核项目（分值）	考核内容（分值）	扣分标准（分值）	
二、质量管理（50）	6.现场实体质量（20）（分土建部分和设备安装部分，各10分，根据项目特点，由专家确定土建部分和设备安装部分权重）	土建部分（10）	①工程土建施工不满足设计要求（位置、轴线、尺度、标高、坡比等）（扣1分/次，4分）。②实体外观存在缺陷（轴线偏差、标高、平整度、垂直度、色差、焊缝质量等）（扣1分/次，3分）。③工程构件、实体不完整，表面缺陷处理等不符合要求（扣1分/次，3分）。
		设备安装部分（10）	①工程设备安装不满足设计要求（扣1分/次，4分）。②设备构件、细部构造不完整、表面缺陷处理等不符合要求（扣1分/次，2分）。③施工工艺、工序等不符合设计、规范要求（扣1分/次，2分）。④设备安装与调试不满足规范要求，设备运转不正常等（扣1分/次，2分）。
三、进度管理（5）	强制性指标	因施工原因造成总体进度滞后影响工程建设（5分）。	
	1.进度计划（1）	未编制施工总进度计划、年度计划、月度计划（1分）。	
	2.进度控制（1）	未根据工程进展情况适时优化、调整进度计划（1分）。	

续附表1

考核项目（分值）	考核内容（分值）	扣分标准（分值）
三、进度管理（5）	3.进度完成情况（3）	①关键节点进度未按总进度计划完成（1分）。 ②实际进度滞后，并未采取有效整改措施（2分）。
四、资金管理（6）	1.专款专用（3）	挪用工程款（3分）。
	2.费用控制（3）	因施工原因造成工程费用增加（3分）。
五、安全管理（11）	1.安全制度（2）	*未建立安全管理制度及安全生产应急预案。
	2.安全措施（7）	*安全隐患未采取相应的整改措施。 ①安全施工措施未经批准或批准后未落实（1分）。 ②未按规定进行安全检查、培训、警示等（扣2分/次，4分）。 ③现场存在安全隐患（2分）。
五、安全管理（11）	3.事故处理（2）	*安全事故未及时上报。 安全事故处理不及时（2分）。
六、廉政建设（5）	1.廉政制度（2）	①未制定廉政建设规章制度（1分）。 ②未签订廉政合同（1分）。
	2.执行情况（3）	有违反廉政规定，但不构成党纪、政纪处分（3分）。
七、工程资料（8）	1.管理人员和制度（1）	无专人和相应制度（1分）。
	2.资料收集及整理（2）	①资料分类不清、收集不及时，资料收集与工程进度不同步（1分）。 ②应有原始记录及检查凭证不能及时提供（1分）。

续附表1

考核项目 （分值）	考核内容 （分值）	扣分标准（分值）
七、工程资料 （8）	3.资料质量（5）	① 记录（台账）与资料不对应（1分）。 ② 资料填写不真实、不规范、未签认，与工程实际施工情况和规范要求不相符，扣1分/份（4分）。

二、建设期绩效考核标准

本项目建设期绩效考核以项目建设期履约保证金及建设期履约保函作为考核基数，实行百分制原则。当绩效考核评分低于90分时，则实施机构有权提取建设期履约保函，提取额度计算公式如下：

建设期履约保函提取额＝建设期履约保函×[1-（10+当年建设期绩效考核得分）÷100]

（一）运营期绩效考核

运营维护期内，政府方主要通过常规考核和临时考核的方式对项目公司服务绩效水平进行考核。因本项目建设内容较为复杂，涵盖×河流域水源地环境综合整治工程、新型城镇化建设工程、市政基础公用设施等多个专业工程，运营期间考核难度较高，实施机构可依据国家、省、市以及×县当地相关规定，委托双方认可的专业绩效考评机构对运营维护机构进行监督管理。

1. 运营期绩效考核标准

（1）常规考核

常规考核每半年进行一次，在项目公司向政府方提交半年运维情况报告后5日内进行，并应在7日内完成。政府方需提前48小时通知项目公司开始考核的时间。项目公司在政府方的监督下，在规定的考核现场对卫生、建设和设施维护、场地维护、精神文明建设等方面进行考核打分。

（2）临时考核

政府方可以随时自行考核项目公司的运维服务，如发现缺陷，则需在 24 小时内以书面形式通知项目公司。项目公司在接到政府方的书面通知后，应在绩效考核要求的时间内修复缺陷。

2. 运营期绩效考核标准

本项目运营期绩效考核以项目运营维护保函作为考核基数，实行百分制原则。当绩效考核评分低于 90 分时，则实施机构有权提取运营维护保函，提取额度计算公式如下：

运营维护保函提取额＝运营维护保函 ×[1-（10+ 当年运营期绩效考核得分）÷100]

3. 运营期绩效考核办法

本项目建设内容涵盖 × 河流域水源地生态环境综合整治工程、新型城镇化建设工程、市政基础公用设施及配套工程、× 县医养结合中心工程、文化资源保护开发工程五大子项，涉及的行业领域较广，故在运营期内对各个子项分别进行绩效考核，以各子项的绩效考核加权平均值作为项目运营期绩效考核得分。运营期绩效考核各项分值及具体考核办法见附表 2。

附表 2　　运营期绩效考核办法

序号	考核项目	权重	考核子项			加权得分
^	^	^	子项名称	权重	绩效考核得分	^
一	× 河流域水源地生态环境综合整治工程	28%	× 河流域水源地生态环境综合整治工程	28%		

续附表 2

序号	考核项目	权重	考核子项			加权得分
^	^	^	子项名称	权重	绩效考核得分	^
二	新型城镇化建设工程	10%	新型农村社区改造工程	5%		
^	^	^	幼儿园、小学及初中	3%		
^	^	^	医院	2%		
三	市政基础公用设施及配套工程	8%	给水厂	2%		
^	^	^	污水处理厂、污水处理站	2%		
^	^	^	垃圾/再生物质/燃气热电站	2%		
^	^	^	道路交通工程	2%		
四	×县医养结合中心工程	20%	×县医养结合中心工程	20%		
五	文化资源保护开发工程	26%	文化资源保护开发工程	26%		

附 录

续附表 2

序号	考核项目	权重	考核子项 子项名称	权重	绩效考核得分	加权得分
六	辅助产业导入、招商服务	8%	①产业导入企业税收收入增长保持良好水平	2%		
			②积极开展辅助产业导入和企业引进工作及产业导入企业逐年增加情况	2%		
			③辅助产业导入、引进企业质量及入驻企业发展总体态势与税收等经济指标情况	2%		
			④项目移交时引进企业数量、税收等经济指标情况	2%		
合计						

参考文献

[1] 方向东，张质舒. 桐庐健康小镇：打造生命健康与旅游产业融合发展新高地[N].《钱江晚报》，2017-05-12（M0003）.

[2] 尤元文，何小华. 浙江桐庐：养生福地诉说健康故事[N].《中国改革报》，2016-03-12（5）.

[3] 刘牧樵. 关于康养小镇战略定位的思考——以湘西红枫谷康养小镇为例[DB/OL]. http://www.sohu.com/a/225913783_100132380，2018-03-20.

[4] 岳晓武. 特色小镇用地，哪些用地方案可选？[N].《中国国土资源报》，2017-09-01（5）.

[5] 张强，杨进. 我国企业绩效管理现状研究[J]. 商业时代，2007（14）.

[6] 王方. 冰火两重天 特色小镇古北水镇寻动能[N]. 中国科学报，2017-1-11(8).

[7] 刘阳，李忠华. 中国电建与连南签署PPP项目战略合作框架协议 打造油岭生态旅游特色小镇[N]. 南方日报，2016-10-21（第PC02）.

[8] 宋晓华. 江苏将建100个特色小镇 鼓励金融机构加大支持力度[N/OL]. http://www.js.xinhuanet.com/2017-02-07/c_1120421815.htm，2017-02-07.

[9] 李开孟. 特色小镇运用PPP模式应遵循八大原则[N/OL]. http://www.chinappp.cn/News/NewsDetail/4238.html，2016-12-14.

[10] 邵学军，李兵. 关于PPP项目征迁费分担的合规性评析及管控建议[DB/OL]. http://www.zhonglun.com/Content/2017/11-14/1636452160.html?from=groupmessage&isappinstalled=0，2017-11-14.

[11] 林瑜胜. 特色小镇"特"到好处[N]. 经济日报，2017-1-25（13）.

[12] 曹天一，李骁. 厉害了！曲阜市尼山镇入选省级特色小镇[N/OL]. http://www.qfwhjssfq.gov.cn/html/2017/xinwendongtai_0303/2541.html,2017-03-03.

[13] 方李敏. 京津冀如何发展特色小镇？冯奎"有话说"[N/OL]. http://hb.jjj.qq.com/a/20170119/033059.htm，2017-01-19.

[14] 贾康，苏京春. 供给侧改革：新供给简明读本[M]. 北京：中信出版社，2015.

[15] 袁竞峰，李启明，邓小鹏. 基础设施特许经营PPP项目的绩效管理与评估[M]. 南京：东南大学出版社，2013.

[16] 项勇，赵敏，常林朝，张志刚，等. 政府和社会资本合作模式（PPP）评价体系研究[M]. 北京：中国财政经济出版社，2015.